Gabor Steingart
DAS ENDE DER NORMALITÄT

Gabor Steingart

DAS ENDE DER NORMALITÄT

Nachruf auf unser Leben, wie es bisher war

Piper München Zürich

Mehr über unsere Autoren und Bücher:
www.piper.de

Von Gabor Steingart liegen im Piper Verlag vor:
Deutschland – Der Abstieg eines Superstars
Der Fall Deutschland
Weltkrieg um Wohlstand
Die Machtfrage
Die gestohlene Demokratie

Mehr über Gabor Steingart:
www.gaborsteingart.com

Dokumentation:
Dr. Jörg Lichter

Mix
Produktgruppe aus vorbildlich bewirtschafteten
Wäldern und anderen kontrollierten Herkünften
www.fsc.org Zert.-Nr. GFA-COC-001223
© 1996 Forest Stewardship Council

ISBN 978-3-492-05459-1
2. Auflage 2011
© Piper Verlag GmbH, München 2011
Satz: seitenweise, Tübingen
Druck und Bindung: CPI – Clausen & Bosse, Leck
Printed in Germany

Inhalt

Vorwort

Das Weltfinanzbeben, die Kernschmelze in Japan und das Ende der Normalität

Im Grunde muss man nur zwei Dinge über den Schwarzen Schwan wissen. Erstens: Er kommt in der Natur extrem selten vor. Noch wichtiger aber ist: Es gibt ihn. Er ist das verkörperte Restrisiko, die lebende Wahrscheinlichkeit, dass alles anders kommt, als wir es bisher angenommen haben.

Seit der Philosoph Karl Popper ihn als Kunstfigur einführte, steht der Schwarze Schwan für den Widerspruch zur eben noch herrschenden Wirklichkeit. Er verkörpert das Undenkbare, das wir dennoch denken müssen. Er symbolisiert das große Unheil, das die bisherige Normalität beendet, alle Prognosen widerlegt und Politiker wie Marionetten zu Handlungen führt, die ihnen eben noch wesensfremd schienen: Der rechtskonservative Präsident George W. Bush verstaatlicht die Investmentbanken, der Hoffnungsverkäufer Barack Obama wird zum Befürworter von Guantanamo, Merkel steigt aus der Atomenergie aus. Wenn der Schwarze Schwan landet, unterbricht er unsere Gewissheiten nicht nur. Er zerstört sie. Er verändert unser Leben.

Wir sind ihm in jüngster Zeit häufig begegnet. Der Schwarze Schwan ist der Sendbote einer neuen Zeit, in der die alten Wahrscheinlichkeiten nicht mehr gelten. Das Verlässliche unserer Zeit besteht darin, dass es keine Verlässlichkeit mehr gibt. Fast scheint es, als wolle der Schwarze Schwan das Wappentier des gerade begonnenen Jahrhunderts werden. Es wird als das Jahrhundert in die Geschichte eingehen in dem die Normalität endete und etwas Neues, Flüchtiges an ihre Stelle trat.

In den vergangenen zehn Jahren kam es zu einer spürbaren Zunahme dessen, was die Amerikaner »Freak-Event« nennen: Das Verrückte wurde normal. Die Normalität spielt verrückt.

Junge Araber lernen in Florida das Fliegen eines Jumbo-Jets und starten wenig später den größten Angriff gegen Amerika seit der Bombardierung von Pearl Harbor. Eine Bank in New York bricht zusammen, und weltweit werden 20 Millionen Menschen arbeitslos. Ein Gemüsehändler in Tunesien bekommt keine Lizenz für den Gemüsestand, verbrennt sich und löst damit eine arabische Revolution aus. Eine Zehn-Meter-Flutwelle schlägt an die Ostküste Japans, und in Deutschland legt die Kanzlerin knapp die Hälfte aller Kernkraftwerke still.

Eine »Welt ohne Halt« sei entstanden, sagte Lord Dahrendorf schon vor Jahren. Niemand hält sie, und wir finden in ihr keinen Halt.

Die Veränderung der Welt bedeutet auch eine Veränderung unserer Wahrnehmung. Sahen wir früher das Korn auf den Feldern, dachten wir an Brot. Heute denken wir an das Biobenzin E 10, das angeblich die Klimakatastrophe bekämpfen soll und zugleich den Hunger in der Welt verschärft. Restrisiko war gestern das, was nie geschehen sollte. Heute ist das Restrisiko zur Realität geworden. Die Kernschmelze im Fernsehen ist keine Spielfilmszene, sondern eine Liveschaltung der ARD. Es ist verdammt lang her, dass nach der »Tagesschau« einfach ein Heimat-, Liebes- oder überhaupt ein Film gezeigt wurde. Die Wirklichkeit schreibt im Moment die dramatischeren Drehbücher.

Unsere Ängste waren bisher immer größer als die Wirklichkeit. Aber auch das gilt nicht mehr. Die Wirklichkeit hat die Ängste überholt. Man fragt sich, was das Schicksal wohl als Nächstes für die Menschheit bereithält: The day before tomorrow.

Schuld seien die Naturgewalten, heißt es jetzt. Aber das ist unfair gegenüber dem Seebeben. Früher schlugen die Wellen auf eine unberührte Küste. Heute hat man ihnen eine als Kraftwerk getarnte Atombombe in den Weg gebaut. So lockt man Schwarze Schwäne an.

In der Welt der Finanzwirtschaft herrscht eine ähnliche Lust am Nervenkitzel. Die alte Normalität – der Bürger spart, und die Bank verleiht sein Erspartes an Investoren – wurde suspendiert. Man kann sich kaum noch daran erinnern. Damals zählten unsere Banken zu den langweiligsten Firmen des Landes. Die dort Beschäftigten hießen Bankbeamte und gingen bedächtig ihrer wichtigsten Aufgabe nach, der Kreditvergabe. Wenn sie das Wort »Risiko« nur hörten, bekamen sie einen Schreck und nicht wie ihre Nachfolger einen Erregungszustand. Das Gegenstück zum »Restrisiko« der Kraftwerksbetreiber war das »systemische Risiko« des neuen Banksystems. Beides rief den Schwarzen Schwan auf den Plan. Er widerlegte unsere bisherigen Annahmen: Die Kernenergie ist nicht mehr sauber und billig, sondern bisweilen teuer und tödlich. Das Finanzsystem dient nicht automatisch der Realwirtschaft, sondern bedroht sie auch. Unser Leben, wie es bisher war, verflüchtigt sich.

Nach den vielen kleinen und großen Tragödien der vergangenen zehn Jahre stehen nicht wenige sprachlos vor den Trümmern dessen, was sie gestern noch ihre Grundüberzeugung nannten: Großer Gott, was hast du uns angetan! In der »Zeit« war kürzlich von »biblischer Heimsuchung« die Rede. Aber wahrhaftiger wäre es, die Rede auch an uns selbst zu richten: Wir sind nicht nur das Opfer der

Veränderung, wir sind auch ihre Quelle. Die Komplexität der heutigen Welt ist Menschenwerk. Uran als Brennstoff war kein Gotteseinfall. Die Produkte der Investmentbanker finden sich auch in unseren Depots. Die Kommunikationsmittel des 21. Jahrhunderts haben den Sprengsatz an die vor-modernen Verhältnisse in Arabien gelegt.

Heute leben wir in einer Welt des relativen Reichtums und der absoluten Ungewissheiten. Die Gesellschaft ist flatterhaft geworden. Das lineare Leben früherer Zeiten endet mit einem Feuerwerk von Komplexität. Es wächst die zunehmende Anfälligkeit der technischen und ökonomischen Systeme für unerwartete Schwankungen, Ausfälle und Havarien aller Art. Der Schwarze Schwan wird auf absehbare Zeit unser ständiger Begleiter sein.

Die nach dem Ende der Normalität knappste Ressource ist daher Zuversicht. Nichts benötigen wir dringender als Vertrauen in uns selbst: dass wir nicht nur furchtsam, sondern auch lernfähig sind. Dass wir außer Gier auch Bescheidenheit können und Politik nicht nur auf den Tag reagiert, sondern über den Tag hinausdenkt. Der Schwarze Schwan liebt die Hasardeure, aber er hasst die Nachdenklichen. Dieses Buch soll all jenen ein guter Freund und Ratgeber sein, die ihm nicht begegnen wollen.

1

Reise zum Mittelpunkt der Erde

Es ist leichter zum Mond zu gelangen, als in das Innere unserer Erde vorzustoßen. Bisher haben zwölf Männer die rund 360 000 Kilometer lange Reise hinter sich gebracht. Wie hypnotisiert saßen wir vor dem Fernseher, als die ersten Mondmenschen über die Kraterlandschaft hüpften. US-Präsident Richard Nixon rief aus dem Weißen Haus in der Apollo 11 an, um ihnen und uns allen zu gratulieren: »Der Himmel wird nun Teil der Menschheit«, schnarrte es durch die Leitung.

Den Bemühungen, zum Erdmittelpunkt vorzudringen, war bisher kein solcher Erfolg vergönnt. Die ergiebigste Bohrung fand auf der russischen Halbinsel Kola statt und kam über zwölf Kilometer Tiefe nicht hinaus. Dann hatte sich der Bohrkopf in der Erdkruste festgefressen. Wäre die Welt eine Tomate, hätten die Wissenschaftler nicht mal die Schale durchstochen.

Dennoch besitzen wir heute eine klare Vorstellung davon, wie es unter der Erdoberfläche aussieht. Im Zentrum der Weltkugel befindet sich der Erdkern mit einem Durchmesser, der in etwa der Strecke von Hamburg zum Gardasee entspricht. Dieser harte Kern besteht vor allem aus Eisen und Nickel. Um ihn herum schmiegt sich ein zweiter, ein glühend roter Kern, der aus geschmolzenem Eisen besteht. Sein Radius ist doppelt so groß wie der harte Kern, also einmal Hamburg–Gardasee und zurück.

Dieses eiserne Innere hält unsere Welt zusammen. Vom Erdmittelpunkt geht jene Anziehungskraft aus, die allem anderen Halt gibt. Würde der Mega-Magnet aufhören, seine Schwingungen auszusenden, bestünde ein ziemliches Durcheinander auf Erden. Teller und Tassen würden zu schweben beginnen, unsere Kinder müssten wir anbinden wie Esel, Ruderboote würden den Himmel bevölkern wie früher die Zeppeline.

Neben der Erdanziehung gibt es einen zweiten Magnetismus, der über die Jahrhunderte mit vergleichbarer Präzision gewirkt hat. Er war für den inneren Zusammenhalt der Welt von ähnlicher Bedeutung, auch wenn die Gravitationsforscher ihm bisher keinerlei Beachtung schenkten. Seine Anziehungskraft bestand zwischen dem Einzelnen und den ihn umgebenden Mächten, der Kirche, der Familie, der Firma und dem Staat.

Zwar besitzen wir Menschen kein Sinnesorgan, mit dem wir Magnetismus hören, riechen, schmecken oder sehen können. Aber man spürte jahrtausendelang die Wirkung. Diese Anziehungskräfte zogen Großvater und Großmutter wie zuvor schon Urgroßvater und Urgroßmutter zu den immer gleichen Zeiten an die immer gleichen Orte, weshalb sie das immer gleiche Leben lebten. Morgens ging man aufs Feld hinaus, später dann in die Fabrik und von dort mit dem Ertönen der Werkssirene zurück zur Familie. Selbst am Sonntagmorgen lief alles wie ferngesteuert. Nahezu zur gleichen Zeit flogen im ganzen Land die Haustüren auf, und Eltern, Kinder und Großeltern strömten in Richtung Gotteshaus. »Puppen sind wir, von unbekannten Gewalten gezogen«, rief Büchners Danton.

Es gab kein Abseitsstehen und kein Entweichen. Die großen Magneten, die offenbar höhere Mächte im Innern von Kirchen, Fabriken und Elternhaus installiert hatten, waren stärker als die Individuen, die ihnen ausgesetzt waren. Der Einzelne, die Gesellschaft, auch das Verhältnis der Staaten untereinander folgten »dem Lauf der Dinge«, so die gängige Redensart. Das Leben verlief auf unsichtbaren Gleisen, die andere verlegt hatten. Das war nicht nur so, das wurde auch so gesehen. Erst vor dem Hintergrund einer tief empfundenen Vorherbestimmtheit konnte der von Goebbels erschaffene

Mythos, Hitler sei »Werkzeug der Vorsehung«, bei den Deutschen verfangen.

Der Magnetismus des Lebens wirkte im Innern jedes Einzelnen. Die menschliche Seele, jener Ort, an dem wir den Kompass des Lebens vermuten, war eingenordet auf die Werte der jeweiligen Zeit: Ordnung, Pünktlichkeit und die Fähigkeit zur Selbstverleugnung gehörten immer dazu, aber auch Gottesfurcht und Geschwisterliebe, Fleiß und Gehorsam; Humor, Selbstkritik und Mitgefühl nicht unbedingt. Keiner war das, was er war, nur durch sich. Die Magnete des Alltags wirkten dämonenhaft und weitgehend unwidersprochen in unseren Vorfahren. Die innere Stimme sprach in herrischem Ton. Erst auf dem Sterbebett verstummte sie.

Jene Anziehungskräfte, die für Generationen von Deutschen das Leben strukturierten und normierten, alles Andersartige assimilierten oder an den Rand der Gesellschaft drückten, klingen ab. Die Magneten werden schwächer. Die abendländische Generalprägung lässt nach. Das gleichförmige Leben vor dem Ersten Weltkrieg, wie es Stefan Zweig in *Die Welt von Gestern* beschrieb – »Ein einziges Leben von Anfang bis zum Ende, ohne Aufstiege, ohne Stürze, ohne Erschütterung und Gefahr, ein Leben mit kleinen Spannungen, unmerklichen Übergängen, gemächlich und still« –, ist nur noch ferne Erinnerung.

2

Eine neue Spezies Mensch entsteht

Natürlich gibt es auch heute noch das Elternhaus, den Arbeitsplatz und die Kirche, aber ihre Anziehungskraft wird schwächer. Auf viele Menschen wirkt sie gar nicht mehr. Das Elternhaus ist verkauft, aus dem Arbeitsplatz wurde ein Job, die Kirche besitzt für viele nur noch dekorative Bedeutung. Die Identifikation von Volk und Kirche schmilzt dahin, klagte Papst Benedikt XVI. kürzlich in einem Interview.

An die Stelle der einen großen Wirklichkeit ist eine Vielzahl von Flüchtigkeiten und Instabilitäten getreten, bilden sich Gruppen und Zustände, entstehen Stimmungen und Überzeugungen, die kurz darauf schon wieder zerfallen, um sich neu zu konfigurieren. Eine Welt der ungezählten Wirklichkeiten ist entstanden. Der Einzelne hat nicht nur die Möglichkeit, sich von anderen radikal zu unterscheiden, er nutzt sie auch. Der eine hebt sein Bildungsniveau, so wie der andere seine Gesäßbacken liften lässt, einer treibt seine Karriere voran, der andere sich selbst einen Metallring durch Nase, Zunge oder Bauchnabel. Man kann die Computerwelt revolutionieren, aber mit dem gleichen Recht auch Vogelspinnen züchten, Weihnachten im Sommer feiern, Mitglied der Piratenpartei werden oder einer jener Extremblogger, die sich nachts zum Selbstgespräch im Internet versammeln. Es gibt keine große Idee, die nicht geträumt werden kann. Und es gibt keine noch so idiotische Nische, in der nicht schon einer hockt.

Der bisherigen Normalität hat die Vielzahl der Wirklichkeiten nicht sonderlich gutgetan. Die Zahlen für die Beweisaufnahme liegen auf dem Tisch: In manchen Städten gibt es mehr Scheidungen als Eheschließungen. Die Zahl der Kirchenbesucher hat sich miniaturisiert, in Ostdeutschland zählt man mehr Ungetaufte als Christen. Nur eine Minderheit verbringt ihr Arbeitsleben noch bei einem Arbeitgeber. Die Zahl der Großstadt-Psychopathen wächst schneller als die Zahl der Internetnutzer. Bei der letzten Bundestagswahl gab es mehr Nichtwähler als Merkel-Wähler. Wenn die SPD-Mitgliederentwicklung so weitergeht wie in den letzten 40 Jahren, macht im Jahr 2050 der letzte Sozialdemokrat im Willy-Brandt-Haus das Licht aus.

Das Folgenreiche dieser Entwicklung ist nicht

das Schwächerwerden des alten Magnetismus. Das Neue und Aufregende, das den Beginn unseres Jahrhunderts Prägende, ist die Tatsache, dass die alten Ordnungskräfte des Lebens durch keine neuen ersetzt wurden. Wir leben in einer Zwischenzeit. Erst dieses Nicht-Ersetzen der alten Kräfte reißt die Welt aus ihren bisherigen Verankerungen und schafft unsere brüchige Gegenwartswelt. Lord Dahrendorf sprach von der »Welt ohne Halt«. Keiner kann sie halten, und wir finden in ihr keinen Halt.

Für den Einzelnen ist diese Tatsache eine unerhörte, eine ihn verstörende und zugleich erregende Botschaft: Er ist frei. Es gibt keine vorhersehbare Zukunft mehr. Er ist nicht mehr nur Zeuge seiner Biografie. Die große gesellschaftliche Prägemaschine hat ihn aus ihren metallischen Pressbacken entlassen. Niemand besitzt mehr eine Vetomacht über das Leben der Anderen. Endlich wird das Leben zur Chefsache.

Nie zuvor in der Menschheitsgeschichte waren wir derart unabhängig von den uns umgebenden Mächten. Es ist, als habe jemand die Großmagneten ausgeschaltet. Priester, Fabrikant, Parteifunktionär, Universitätsprofessor, Vater und Mutter oder auch Günter Grass, Alice Schwarzer und Helmut Schmidt, sie alle tanzen noch immer um uns herum, aber wir sind ihnen nicht mehr schicksalhaft verbunden. Früher konnten sie bestimmen, was der Einzelne zu tun und zu denken hat, heute werben sie darum, dass man ihnen zuhört. Der Tanz des Lebens geht weiter, aber erstmals herrscht freie Partnerwahl.

Die Sanktionsinstrumente, mit deren Hilfe die alten Mächte einst die Normierung der Gesellschaft durchsetzen konnten, stehen nicht mehr zur Verfügung. Der spontane Rausschmiss eines Arbeiters, der Verstoß des schwarzen Schafes aus dem Familienverband, die Exkommunikation des angeblich Ungläubigen, das Einkerkern der Andersdenkenden sind heute verboten oder auf andere Art wirkungslos gemacht. Die Schwerter in den Händen der alten Mächte sind stumpf geworden. Den alten Eliten fehlt die Fähigkeit, Andersartigkeiten unterdrücken zu können. Auch ihre Deutungs- und Definitionshoheit schwindet. Frauen definieren Frausein, ohne Alice Schwarzer um ihr Einverständnis zu bitten. Es gibt eine Literatur jenseits von Grass.

Natürlich schlummerten auch schon früher Millionen von Wünschen und Sehnsüchten in der Gesellschaft, doch es waren Wünsche, die nicht ausgelebt wurden. Eine Betonplatte aus Normen und Traditionen, Gewohnheiten und Erwartungen, Erlassen und Diktaten, Stupiditäten und Borniertheiten lag über ihnen. Diese Betonplatte wurde in jüngster Zeit gesprengt, und seither sprießt ein urwüchsiger Individualismus, der blaue, rote, grüne, zuweilen auch hässliche Blüten treibt. Die Konservativen sprechen vom Zerfall der Gesellschaft, die Werbeindustrie von ihrer Fragmentierung, Jürgen Habermas von Ausdifferenzierung, Charles Taylor von Atomisierung, Anthony Giddens klagt über die »Diskontinuitäten der Moderne«, so wie Hans Magnus Enzensberger über die »Idiotie der Gleichzeitigkeit«. Sie alle meinen das Gleiche. Die alte Normierung der Gesellschaft hebt sich auf. An ihre Stelle tritt keine neue Normierung, sondern eine Inflation der Wirklichkeiten, das Nebeneinander von falsch und richtig, die friedliche Koexistenz von Widersprüchen. Wir erleben in unserer Gegenwart nicht das Ende der einen und den Beginn einer anderen Normalität, sondern das Ende von Normalität. Die Gesellschaft wechselt ihren Aggregatzustand von fest auf flüchtig. Das Leben, wie es bisher war, verabschiedet sich.

3

Die Inflation der Wahrheit

Erstmals wächst eine Generation heran, die nicht wie ihre Vorfahren einem Netzwerk von Beherrschungsverträgen unterworfen ist. Eine verwirrende Vielzahl von Leben kann innerhalb einer Lebenszeit gelebt werden, sodass Peter Sloterdijk der Menschheit bereits den Singular abstreitet: »Wer Menschheit sagt, will betrügen.«

Kommend aus Untertanenstaat, Adelsherrlichkeit und Gottesgnadentum, weitergereist in Industrialismus und bürgerlichen Kollektivismus, ist die Gesellschaft nun erneut auf Wanderschaft. Wir könnten von der »neuen Normalität« sprechen, vom »new normal«, wie die Amerikaner das tun. Noch zu allen Zeiten haben die Menschen das Neue mit den alten Begriffen zu fassen versucht. Die Eisenbahn löste die Pferdekutsche ab und war deshalb lange Jahre noch das Dampfross. Fanny Kemble, eine der berühmtesten Schauspielerinnen

Englands ihrer Zeit und Teilnehmerin der Versuchsfahrt auf der Bahnstrecke Liverpool nach Manchester im Jahre 1830, beschrieb die erste Lok als »kurioses kleines Feuerpferd«.

Doch die alten Begriffe tragen nicht weit, wenn es darum geht, die neuen Wirklichkeiten abzulaufen. Eine Normalität, in der sich nur noch Kleinstgruppen auf Teilnormalitäten verständigen können und auch das nur vorübergehend, ist keine Normalität mehr. Wo nichts von selbst verständlich ist, endet Selbstverständlichkeit. Wenn nur noch darauf Verlass ist, dass auf nichts Verlass ist, wie der scheidende Chefredakteur der *Süddeutschen Zeitung* Hans Werner Kilz in einem Editorial zum Jahresauftakt 2011 schrieb, hat auch dieses Wort seinen angestammten Sinn verloren. Keine Formel erweist sich derzeit als die einzige, eine Welt des Flüchtigen und Vorläufigen zu erklären. Kaum hat man alle Antworten gelernt, wechseln die Fragen. Nur wer dem Begriff Normalität Gewalt antut, kann ihn weiter verwenden.

Der Ablösungsprozess, von dem hier die Rede ist, unterscheidet sich auch dadurch von allem Bisherigen, dass kein Revolutionär, Wirtschaftsführer oder Religionsfürst ihn ins Werk gesetzt hat. Die Bürgergesellschaft hat diesmal gegen sich selbst geputscht. Sie beschleunigt und verändert ihr Leben in einem derart atemberaubenden Tempo, dass schon die mittleren Jahrgänge auf ihre eigene Kindheit wie auf eine ferne Epoche schauen. Vergangenheit und Zukunft berühren sich nicht mehr. Richard Rorty spricht von einem »Prozess der Selbsterschaffung«.

Das Leben nach der Normalität bringt neue Lebensformen hervor, aber nicht mal das ist zwingend. Es wäre ein Irrtum anzunehmen, Familie, Kirche und Firma verschwänden in Gänze aus unserem Leben. Das wird von den Freunden der gesellschaftspolitischen Schwarz-Weiß-Fotografie gern behauptet. Aber das stimmt nicht. Was verschwindet, ist der mit magnetischer Präzision erzeugte Normierungsdruck der alten Mächte. Das ist ein wichtiger Unterschied. Aus dem Muss ist ein Kann geworden, aus dem Unbedingten ein Vielleicht. Es kommt zu einer Vielzahl konkurrierender Traditionen und Einflüsse. Uns beschleichen romantische Gefühle, wenn wir einen handgeschriebenen Brief öffnen. Wir sind verzweifelt, wenn der Internetprovider nur noch schwache Signale sendet.

Nicht die Dinge ändern sich, sondern die Beziehungen zwischen den Dingen. Nicht die Familie verschwindet, sondern der Zwang zur Familie. Nicht die Kirche geht – allein der Katholizismus zählt weltweit 1,2 Milliarden Mitglieder, 5000 Bischöfe und 400 000 Priester –, aber wir sind nicht mehr ihr Untertan. Es gibt weiter die Firma, aber wir sind nicht mehr an sie gekettet wie der Hund an den Hof. Auch die Zeitung bleibt. Zumindest hoffen wir das.

Der Mensch kann, wenn er will, seine Erfüllung weiter im Glauben, in der Farbenlehre der politischen Parteien, in der Monogamie, in der Aufopferung für Familie und Firma suchen. Aber er kann ohne große Umstände auch das Gegenteil tun, er kann der Firma kündigen, Partei und Familie verlassen, von Hetero- auf Homosexualität umschalten, und es ist erlaubt, der Kirche den Rücken zu kehren, ohne dass einem der Priester auf der Straße nachstellt. Es gilt das Motto: Ich liebe mein Leben, aber ich kann mir auch zwei andere vorstellen. Die Soziologen sprechen von der »Bastelbiografie«, die nun für jedermann möglich ist, selbst gebastelte Religionen und eine eigenhändig designte Sexualität inklusive.

Das Losgelöstsein von den bisher beherrschenden Kräften muss nicht mehr verteidigt, oft nicht mal mehr begründet werden. Es kommt zur wechselseitigen Anerkennung des Verschiedenartigen. Der Einzelne ist ein Teil, aber nicht mehr notgedrungen ein Teil des Ganzen.

Die neue Zeit geht mit großer Abrissbirne gegen die Vergangenheit vor, die Schatzkammern der Tradition werden ungerührt verschüttet. Nicht wenige stehen sprachlos vor den Trümmern dessen, was sie gestern noch ihr Leben nannten: Großer Gott, was hast Du uns angetan! Die Familie als Schicksalsbund löst sich auf, die Firma will uns als lebenslangen Bewohner nicht mehr haben. Der Glaube spendet keinen Trost mehr. Der Mensch wird – wieder mal – zum Opfer seiner Verhältnisse!

Aber wahrhaftiger wäre es, die Rede an uns selbst zu richten: Wir sind nicht das Opfer der Veränderung, wir sind ihre Quelle. Wir hören mutwillig auf zu glauben, weil wir meinen zu wissen. Wir sind nicht mehr erstaunt über unser Dasein. Der Familie haben wir die Treue aufgekündigt, weil wir sie auch als Begrenzung erlebt haben. Der Firma sind wir nur so lange verbunden, bis der nächstbeste Personalberater anruft.

Egon Friedell schreibt in seiner *Kulturgeschichte der Neuzeit*: »Eine neue Ära beginnt nicht, wenn ein großer Krieg anhebt oder aufhört, eine starke politische Umwälzung sich durchsetzt, sondern in dem Moment, wo eine neue Variante der Spezies Mensch auf den Plan tritt.«

Diese neue Variante der Spezies Mensch sind wir.

4

Die Barrikade brennt,
aber sie brennt in uns

Der Abschied von der Normalität wird in seiner gesellschaftsverändernden Wirkung von vielen gering geschätzt. Sie halten die Unterspülungen im Fundament der Gesellschaft nicht für historisch bedeutsam, nur weil sich kein Datum, kein Name, kein einzelnes Ereignis mit ihnen verbindet. Kein Gesetz wurde verabschiedet. Keine Barrikade hat gebrannt.

Wirklichkeitsbeobachter Sebastian Haffner teilte die Ereignisse der Weltgeschichte einst in zwei Kategorien. Da seien die Spektakel der großen Politik wie Koalitionsbruch, Regierungswechsel und die Verabschiedung wichtiger Reformvorhaben, denen im Geschichtsbuch später eine eigene Seite gewidmet wird. Aber der innere Lebensbezirk der Bürger, wie Haffner sich ausdrückte, bleibe von diesen Ereignissen ungerührt.

Keine Freundschaft zerbricht, keine Firma

rutscht in den Konkurs, nicht mal die Opernvor-
stellung wird abgesagt, nur weil ein Präsident ab-
dankt oder ein neues Viermächteabkommen unterzeichnet wird. Die Normalität des bürgerlichen
Lebens geht weiter. Es gibt allenfalls eine Schreck-
oder Staun-Sekunde, je nach politischem Standort.

Daneben sah er eine zweite Sorte von Ereignis,
wie den Kriegsbeginn, die hereinbrechende Hun-
gersnot oder die Erfindung des Automobils, wel-
ches das Leben vieler Menschen von einem auf
den anderen Tag verändert. Der Zivilist wird an
die Front bestellt. Der Reiche verarmt, wie in jenen
Septembertagen des Jahres 1929, als der Index der
New Yorker Börse nahezu lotrecht nach unten fiel.
Die Menschen sahen das erste Auto und wollten
nichts dringlicher, als selbst hinterm Lenkrad eines
Daimlers zu sitzen.

Es gibt aber noch eine dritte Sorte von Ereignis,
die den Abendnachrichten keine Meldung wert ist
und die im Geschichtsbuch nicht auf Erwähnung
hoffen darf. Diesem Vorgang fehlt das Spektakuläre
und Laute, oft auch das Markante, er ist scheinbar
unpolitisch und für die Historiker schwer zu
packen. Dennoch ist diese Kategorie von Ereignis
das eigentliche Urereignis; es bildet die Bühne, auf
der die großen Szenen der Geschichte sich später
abspielen werden. Auf ihr haben die bedeutenden
Männer der Weltgeschichte ihren Auftritt, die Bis-

marcks, die Hindenburgs, die Hitlers und Stalins, später dann die Roosevelts und Kennedys. Ohne diese Bühne wären Hitler als armer Irrer und John F. Kennedy als verzogener Bengel irischer Einwanderer in der Kulisse geblieben.

Gesellschaftliche Veränderungen sind im frühen Stadium für den Zeitgenossen oft genauso schwer zu durchschauen wie der beginnende Gezeitenwechsel an der Nordsee, wenn das ablaufende und das flutende Wasser einander begegnen. Ringsherum bilden sich Strudel. Niemand weiß, ob das Wasser noch geht oder schon wieder kommt. Man sieht die Zeichen, aber hat Schwierigkeiten, sie zu deuten.

Das Ende der Normalität geht nicht abrupt vor sich; es handelt sich vielmehr um einen zähen Ablösungsprozess der einen Gesellschaftsformation durch die nächste. Dieser Weltaufgang begann vor langer Zeit und ist noch immer im Werden. Zuweilen verläuft die Entwicklung in hastigen Schüben, dann wieder scheint sie eine Pause einzulegen.

Bevor das Neue sich zeigt, tritt das Alte ab. Erst verlieren Familienverbände, Glaubensgemeinschaften und Firmenkulturen ihren Zwangscharakter, dann geraten auch die nächsthöheren Etagen der Gemeinschaft, der Staat und die ihn beherrschenden Parteien, später die Nation und ihre Beziehungen zu anderen Nationen, in den Sog der Ereignisse.

Das Ende der Normalität ist kein für alle beglückender Vorgang. Der Einzelne kann aufblühen wie nie zuvor in der Menschheitsgeschichte, derweil Teile der ihn umgebenden Gesellschaft nun vom Verwelken bedroht sind. Das, was wir früher als Großes und Ganzes wahrnahmen, zerfällt nun in viele Bindestrich-Gesellschaften, die Arbeits-Gesellschaft und die Freizeit-Gesellschaft, die Wissens- und Dienstleistungs-Gesellschaft, die Hartz-IV-Gesellschaft, die Parallel-Gesellschaft, die Spaß-Gesellschaft, die Zivil-Gesellschaft und wie die Teilterritorien nun alle heißen mögen. Aus dem einstigen Zentralstaat namens »die Gesellschaft«, der sich für Pierre Bourdieu dadurch auszeichnete, dass in ihm Menschen wohnten, deren Leben sich nach Regelmäßigkeiten abspielte, die ihnen in Fleisch und Blut übergegangen waren, ist eine föderale Stammesgesellschaft geworden. Ihre Teilstämme sind oft nur noch durch ein gemeinsames Erinnern verbunden. Die Chancen-Gesellschaft und die Absteiger-Republik haben sich nicht viel zu sagen. Die Gesellschaft, wie wir sie bisher kennen, hört auf zu existieren.

In den auswärtigen Beziehungen bedeutet die Welt nach dem Ende der Normalität strategische Veränderungen, die bisher vor allem den Gegnern des Westens in die Hände spielten. China, Russland, aber auch Nordkorea, Pakistan und der Irak; alle autokratischen Regime berufen sich auf die

Anerkennung von Andersartigkeiten, das Tolerieren von Verschiedenheit, um ihr jeweiliges Herrschaftsmodell gegen die Vorstellung des Westens von Demokratie und Menschenrechten zu immunisieren. Sie alle haben den Terminus der untergegangenen Sowjetunion übernommen, die sich zeitlebens jede »Einmischung in die inneren Angelegenheiten« verbat.

Der Individualisierungsschub der westlichen Gesellschaften kommt den autokratischen Regimen gut zupass. In zumindest einer Hinsicht wirken sie nun moderner als die USA und Europa, die innerhalb ihrer Gesellschaften Vielfalt tolerieren und fördern, in den äußeren Angelegenheiten aber auf »universellen Rechten« bestehen, also auf Gleichberechtigung von Mann und Frau, Meinungsfreiheit, der Trennung von Staat und Kirche, verbrieften Rechten für Arbeitnehmer, Kinder und die Umwelt. Diese Totalität des Guten wirkt im Kontrast zur allseits geforderten Liberalität gegenüber dem anderen, auch dem Unsinnigen und Überflüssigen, auf einmal altmodisch. Sie ist nicht nur nicht durchsetzbar, sie wird nun auch als Konzept infrage gestellt: China und der Irak, alle afrikanischen Diktaturen, aber auch Moskau und die größte Nation der Muslime, Indonesien, lehnen die Normierung durch den Westen ab und bestehen auf dem, was der Westen im Innern seiner Gesellschaft auch predigt: die Vielfalt der Werte. Jedes Land soll nach seiner Fasson unglücklich werden dürfen, auch Ägypten?

Das Ende der Normalität ist ein Prozess, der uns zugleich erschreckt und verzaubert, den wir ablehnen, genießen und hervorbringen. Die Barrikade brennt, aber diesmal brennt sie in uns. Wir wissen noch nicht, wie diese Revolution gegen unser eigenes, das frühere Leben ausgehen wird. Bisher sind an die Stelle der abgelegten Gewissheiten keine neuen getreten, stattdessen Ungewissheiten dutzendfach:

Wie lebt es sich in einer Gesellschaft schwindender Anziehungskraft? Wann hört eine Gemeinschaft, deren wichtigstes Erkennungszeichen die Flüchtigkeit und Vorläufigkeit von Beziehungen ist, auf, eine Gemeinschaft zu sein? Kann es eine Kultur ohne Zentrum überhaupt geben? Woher bezieht eine repräsentative Demokratie ihre Legitimation, in der ein Politiker kaum mehr repräsentiert als sich selbst? Wenn alle führen wollen, wer folgt dann eigentlich? Wenn jeder von jedem Flexibilität verlangt, wo befinden sich dann die Halterungen des Lebens? Wie viel Unsicherheit und Instabilität, wie viel Provisorium verträgt der Mensch? Gibt es künftig nur noch Geschichten und keine Geschichte mehr? Ab welchem Punkt der Entwicklung beginnt die Freiheit, die Freiheit zu bedrohen?

5

Das ist doch nicht normal

Wenn wir früher empört oder auch nur verwundert waren über die Verrücktheiten, die das Leben hervorgebracht hatte, sagte einer zum anderen: Das ist doch nicht normal. Alle nickten sich dann zu und schwiegen. Das gehörte so zum Ritual.

Kein Wort konnte stärker, kein Satz bedeutsamer sein als dieses gemeinsame Beschweigen der Dinge, die wir befremdlich, weil abweichend fanden. Es war beruhigend zu wissen, dass die Koalition der Normalen größer war als die Zahl derer, die wir »die Verrückten« nannten. Von dieser Selbstvergewisserung ging Behaglichkeit aus. Wer seiner eigenen Identität nicht sicher war, brauchte nur den anderen anzuschauen. Er sah sich in ihm.

Wir waren damals nicht sonderlich darauf erpicht, anders zu sein als die anderen. Wenn es von jemandem hieß, er sei »sehr eigen«, trug er schon das Brandmal des Außenseiters. Der Einzelne war auch damals eine eigenständige, unverwechselbare Persönlichkeit; aber er legte keinen Wert darauf, das Verschiedensein zur Schau zu stellen. Das Individuelle fand innerhalb des Kollektivs statt, im Chor, im Sportverein, in der Klasse und der Clique. Aber nach außen waren wir eins. Jeans, Parka und Quarzuhr schützten uns davor, anders aussehen zu müssen. Dass es einmal Firmen geben würde, die das Vergrößern, Verkleinern und metallische Klammern von Schamlippen und Penis anbieten, wäre uns auch in Stunden größter Albernheit nicht in den Sinn gekommen.

Wir Deutsche der 70er-, 80er- und 90er-Jahre hatten eine ziemlich genaue Vorstellung von dem, was normal und was verrückt war. Normal war, dass die Dinge so waren, wie sie immer waren. Es gab zwar keine handgeschriebene Liste und keine staatliche Verordnung darüber, aber ein Gefühl gab es schon. Dieses Gefühl war das Fundament des damaligen Lebens.

Die Rede ist von jener Zeit, als man zum Musikhören einen Stereorekorder benutzte und die Tageszeitung auf Papier las, als man an der Hotelrezeption den Zimmerschlüssel ausgehändigt bekam und nicht eine Magnetkarte, als nach dem Studium der »Ernst des Lebens« begann und nicht ein weiteres Praktikum. Die Deutsche Bank war damals sehr deutsch und die Chemiefirma Hoechst lebte noch.

»Angewandte Sexualwissenschaft« war ein Hobby, kein staatlich anerkannter Masterstudiengang wie heute an der Hochschule Merseburg. Seitensprung-Agenturen, die mit »Fremdgeh-Garantie« für sich werben, waren noch nicht erfunden. Der FKK-Strand war zu unserer Jugendzeit ein geheimnisumwittertes Stück Sand vor Ost- und Nordsee. Auch am Berliner Wannsee hatte man eine solche textilfreie Zone, wie die Verwaltung des Strandbads sich schamhaft ausdrückte, eingerichtet. Heute zieht sich ein sogenannter Nacktwanderweg auf 18 Kilometern Länge durch den Harz. Es kam zur Umkehrung der Machtverhältnisse. Wer dort nach alter Väter Sitte in Hemd und Hose durch die Natur spaziert, wird auf Warnschildern zur Umkehr aufgefordert: »Wanderer, willst Du keine Nackten sehen, darfst Du hier nicht weitergehen.«

Die Verrücktheiten der neuen Zeit haben längst auch in der Haut unserer Mitmenschen ihre Spuren hinterlassen. Einst besaßen Matrosen, Prostituierte und Gefängnisinsassen eine Tätowierung, aber nicht die Frau des Bundespräsidenten. Das Tattoo der alten Schule zierte den Arm und nicht den Po. So betrunken konnte kein Seemann sein.

Die Rede ist hier von jener Zeit, als wir Menschen, denen wir noch nie begegnet waren, Fremde nannten, und nicht Friends oder Follower. Wir trafen uns im Café und nicht bei Facebook. Ein guter

Freund musste nett und nicht auch noch nützlich sein. Wir kannten drei oder vier Menschen, die wir »wirkliche Freunde« nannten. Heute haben wir über hundert und nennen sie »unser Netzwerk«.

Früher half man dem Nachbarn oder spendete dem Bettler an der Ecke, bevor die Übernächstenliebe in Mode kam, bei der die Zuneigung den Menschen ferner Kontinente oder aussterbenden Tieren gilt. Man kann nun im Fernsehen oder per SMS sein Geld spenden. Das ist genauso edel, aber deutlich weniger mühsam als die Nächstenliebe alter Schule.

Im abgelaufenen 20. Jahrhundert wurden großartige Bauwerke der Menschheitsgeschichte unter Denkmalschutz gestellt, nicht wie jüngst in London der Zebrastreifen an der Abbey Road. Die Tatsache, dass im Stadtteil St. John's Wood, gleich neben den EMI-Studios, die Beatles einst das Titelbild ihrer Platte »Abbey Road« aufnahmen, wurde als Begründung der Kuratoren genannt. Was hätten sie auch sagen sollen? Der wahre Grund für die Heiligsprechung von Banalitäten ist, dass den Denkmalschützern der Nachschub ausgeht. In der moderneren Welt der Architektur befindet sich nicht mehr viel, das der Konservierung wert wäre. Die großen Bauwerke unserer Zeit sind Einkaufscenter und Bürokomplexe. Auch deshalb muss das von den Ostberliner Kommunisten gesprengte Berliner Stadtschloss wiederauferstehen.

Früher bedeutete Kommunismus Armut und nicht schnellen Reichtum. Die KP Chinas wurde vom Westen für die Missachtung der Menschenrechte kritisiert, nicht für ihren Umtauschkurs zum Dollar. Dachten wir an Amerika, dachten wir an Coca-Cola, Microsoft und Bill Clinton und nicht an Guantanamo, Staatsschulden und die Pleite des Bankhauses Lehman Brothers.

Wir sprechen hier von jener untergegangenen Epoche, als Deutschland nicht wusste wohin mit den vielen Kindern. Die »geburtenstarken Jahrgänge« würden es schwer haben, einen Kindergartenplatz, eine gute Schule, einen auskömmlichen Platz im Erwerbsleben zu finden. So fürchtete man in den 60ern. In meinem Geburtsjahr, 1962, wurden in Deutschland 1 316 534 Babys geboren. Im Jahr 2010 waren es halb so viele. Damals stieg die Rente noch und das Renteneintrittsalter sank, bevor die Dinge sich in die umgekehrte Laufrichtung entwickelten.

Literaturpäpste priesen früher das Lesen und nicht wie heute der französische Bestsellerautor Pierre Bayard die »Vorzüge des Nichtlesens«. Es war die Zeit, als die SPD links und die CDU rechts war, als sich die Vorstandsmitglieder der Deutschen Bundesbank mit Zinspolitik beschäftigten und nicht mit Vererbungslehre, als wir bei Liberalität an Freiheit und nicht an Steuerbefreiung für die

Hotelkette Mövenpick dachten. Damals freuten wir uns noch, wenn das Klima wärmer wurde. Wir waren wahrscheinlich die letzte Generation von Jugendlichen, der es erlaubt war, von großen Autos zu träumen.

In Ermangelung echter Probleme wurden ein paar erfunden. Über irgendwas muss der Mensch sich schließlich aufregen, zumal die Lehrer, denen man eingebläut hatte, die Welt kritisch zu betrachten. So wurde Anfang der 70er-Jahre ausgerechnet der Mathematikunterricht zum Politikum. »Macht Mengenlehre krank?«, fragte der *Spiegel* in einer Titelgeschichte.

Nicht alle denken mit der gleichen Behaglichkeit an die gute alte Zeit zurück. Denn zur damaligen Normalität gehörte auch, dass die Schornsteine der Fabriken dauernd qualmten. Der einzige Filter, der im Alltag der Menschen eine Rolle spielte, war der von der Hausfrau Melitta Bentz erfundene Kaffeefilter. Auch das Begriffspaar Auto und Katalysator hatte sich noch nicht gefunden. In den Forschungslabors der Automobilfirmen war man einander zwar flüchtig begegnet, aber die Automanager hielten nichts von einer dauerhaften Liaison. Zu teuer, zu unsicher, zu andersartig, sagten sie damals. Dass rundum die Kinder husteten und des Nachts schleimigen Auswurf bekamen, störte sie nicht. Vater Staat musste schließlich auf der

Zwangsehe von Auto und Katalysator bestehen. Heute nennen wir das Umweltpolitik.

Den Frauen ging es in den frühen Jahren der Republik nicht viel besser als der Natur. Sie waren da, aber man pflegte und förderte sie nicht sonderlich. Bis zum 18. Juni des Jahres 1957 galt der sogenannte Gehorsamsparagraph im Bürgerlichen Gesetzbuch, der da lautete: »Dem Manne steht die Entscheidung in allen das gemeinschaftliche eheliche Leben betreffenden Angelegenheiten zu.« Bis in das Jahr 1997 hinein konnten Ehefrauen von ihren Ehemännern auch vergewaltigt werden. Das war keine Straftat, sondern das gute Recht des Ehegatten, solange sie ihre Beine unter seine Decke streckte.

In den Betrieben durften die Frauen als Näherinnen, Verkäuferinnen und Fließbandarbeiterinnen arbeiten, aber aufsteigen durften sie nicht. Gleicher Lohn für gleiche Arbeit war ein Wunsch, aber nicht ihre damalige Wirklichkeit.

Wir Kinder haben von der alltäglichen Unterdrückung nicht viel mitbekommen. Wir erinnern uns nur unserer liebevollen Mütter. Erst im Rückblick wird deutlich, dass die damalige Gesellschaft diese Liebe nicht in gleicher Weise erwidert hat. Heute wissen wir: Die von John Stuart Mill schon hundert Jahre zuvor festgestellte »Selbstvergötterung und ungerechte Selbstbevorzugung« von Männern durch Männer hatte zwei Weltkriege unbeschadet überstanden. Frauen waren auch nach Gründung der Bundesrepublik noch das, was sie vor dem Krieg auch schon waren, »Zuchtstuten und Arbeitspferde«, wie Nazi-Größe Hermann Göring in all seiner Grobheit sich auszudrücken pflegte. Sein Reich ging, sein Denken aber hatte überlebt. Das war nicht schön. Aber auch das war normal.

6

Der Friedhof der toten Worte

Neue Worte haben seither Eingang in unseren Sprachschatz gefunden, Klebefleisch, Selbstmordattentäter und Burn-out gehören dazu. Viele andere Worte hingegen haben in den letzten Jahren ihre Bedeutung verloren. Der Friedhof der toten Worte ist gut belegt.

Früher bedeutete »Verantwortung übernehmen«, dass ein Politiker noch am selben Tag zurücktrat. Heute bedeuten dieselben Worte: Ich klebe an meinem Stuhl; freiwillig werdet ihr mich niemals los.

»Reform« war einst ein Sehnsuchtsversprechen. Heute ist es eine Drohung. Es bedeutet ein Land in eine Situation zu bringen, in der es nie sein wollte. Wenn die Bundeskanzlerin eine weitere Reform ankündigt, ertappt man sich dabei, wie man reflexhaft das Portemonnaie festhält.

Widerstand war einst eine große Vokabel, da sie vom Kampf gegen Unrecht und Unmenschlichkeit kündete. Es gab zu wenig deutschen Widerstand gegen Hitler, weshalb das Wort nach 1945 umso wertvoller klang. Der Widerstand gegen einen neuen Bahnhof aber entwertet das Wort. Es stand einst für Aufbruch, nun steht es im Verdacht, der Bequemlichkeit zu dienen. Früher wollten die Widerständler die Gesellschaft verbessern, heute vor allem den Baulärm reduzieren. »Wutbürger« hat *Spiegel*-Autor Dirk Kurbjuweit sie getauft.

Seit einigen Jahren kann man Worte auch kaufen. Firmen tun das, um sich in die Alltagswelt ihrer Kunden einzuschleichen. Ein halbes Jahrhundert lang hieß das Sportstadion, in dem der HSV spielt, Hamburger Volksparkstadion. Dann kam die amerikanische Internetfirma AOL und kaufte die Namensrechte. Stadtpläne und Bushaltestellen mussten neu ausgezeichnet werden, damit die »AOL Arena« überhaupt noch zu finden war. Der Internetboom flaute ab, und AOL wurde zum Sanierungsfall. Die »AOL Arena« hieß nun »HSH Nordbank Arena«, bis die Finanzkrise auch hier den Marketingetat zusammenschnurren ließ. Das Sportstadium nennt sich seither »Imtech Arena«, doch die Hamburger haben aufgehört, sich für die Identität der Namensgeber zu interessieren. Der Volksmund spricht wieder vom Volksparkstadion.

Die progressive Wissenschaft stellt sich nicht viel klüger an als die Firmen. Sie belässt es zwar bei den alten Worten, versucht aber, ihnen einen neuen Sinn einzuflößen. So kommen mehrere aktuelle Studien zu dem Schluss, der Begriff der Heimat erlebe eine Renaissance. Doch die Wissenschaftler haben seiner Wiederauferstehung mächtig auf die Sprünge geholfen, indem sie den Begriff Heimat erst von der Geografie, dann von der Familie, schließlich auch von der eigenen Kindheit und damit von seinem ganzen bisherigen Sinn trennten. »Heimat ist ein inneres Konstrukt«, behauptet die Psychologin Beate Mitzscherlich von der Westsächsischen Hochschule Zwickau: »Meine Heimat bin ich.« Für Wolfgang Kaschuba von der Humboldt-Universität zu Berlin ist Heimat heute »ein gestaltbarer, wählbarer Begriff«, es könnte »auch ein Chatroom« sein, sagt er. So hat die Wissenschaft uns ein verschollen gemeldetes Wort zurückgebracht – wenn auch als Leiche.

Selbst die Zukunft ist nicht mehr das, was sie mal war. Viele meinen, das Beste, was sich heute über sie sagen lässt, ist, dass sie ungewiss sei. Das mag ungerecht sein. Aber als Chiffre für das bessere Leben, das größere Glück, den Gegenentwurf zur Gegenwart taugt die Zukunft derzeit nicht viel. Die utopische Energie der Gesellschaft, die einst in diesem Wort gespeichert war, droht zu entweichen. Vielleicht hat die Zukunft auch deshalb an Reputation verloren, weil es mittlerweile so viele von ihr gibt.

Bonus ist auch so ein Wort, dessen Inhalt sich

stark verändert hat. Der Bonus zum Jahresende war eine Auszeichnung, die allen, die ihn bekamen, die Gesichter vor Stolz erröten ließ. Guter Lohn für gute Arbeit, das war der Grundsatz, auf den wir alle uns jederzeit verständigen konnten. Heute steht das Wort Bonus für Betrug, nicht nur an den Bankkunden, sondern auch am Prinzip einer gerechten Bezahlung. Zur Rettung jener Geldhäuser, die die Welt an den Rand des Untergangs führten, mussten an direkten Kapitalhilfen und Ausfallgarantien allein in Deutschland 544 Milliarden Euro aufgebracht werden. Das entspricht der Summe aller privaten Ersparnisse seit Kriegsende. Die Banker genehmigten sich im selben Jahr Boni, die noch über denen des Vorjahres lagen.

Bei Goldman Sachs in New York, der weltgrößten Investmentbank, erhielt 2008 jeder Mitarbeiter im Durchschnitt 125 525 Dollar zusätzlich zum Gehalt als Bonus. Für das Krisenjahr 2009 wurde dieser Betrag um 44 Prozent aufgestockt. Heute verdient ein Spitzen-Investmentbanker das 200-Fache eines Ingenieurs.

Das ist nicht normal, würde man an dieser Stelle gern einwenden wollen. Aber der Satz stimmt so nicht mehr. Das ist normal. Er verrichte »Gottes Werk«, sagte unlängst Goldman-Sachs-Chef Lloyd Blankfein, und nicht mal die Kirche fand den Mut, ihm zu widersprechen.

7

Umzug in die YouPorn-Gesellschaft

Viele haben sich verändert in diesen Jahren, nicht nur die anderen. Wir selbst sind Gegenstand einer Transformation, die auf geheimnisvolle Weise in uns wirkt. Die Verrücktheit der Außenwelt spiegelt sich in uns wider. Es gibt kein richtiges Leben im falschen, sagte einst Theodor Adorno. Heute müsste man hinzufügen: Es gibt kein normales Leben in Zeiten sich auflösender Normalität.

Wenn Peter Handke früher seine melancholischen Sätze aufschrieb – »Das Ungefügte, das aus dem Zusammenhang Gerissene, das war ich« –, erkannten wir darin die sensible Literatenseele. Heute lesen wir dieselben Sätze und denken an uns. Handkes Zerrissenheit hat die unsere womöglich nur vorweggenommen.

Alle Lebensbereiche sind heute vom Verschwinden der Selbstverständlichkeit erfasst, zunehmend auch das Privatleben. Die Beziehung zur Automarke ist stabiler als die zum Ehepartner. Das mobile Fabrikat wird alle 18 Jahre gewechselt, die durchschnittliche Scheidung erfolgt schon nach 14 Jahren. Nur sprachlich werden Ehe und Auto noch gleich behandelt. »Hast du deinen noch?«, fragte unlängst eine Frau ihre Freundin in der Bahn. Sie meinte den Gatten, nicht den VW Golf.

Die Zeit, als Familie noch Schicksalsgemeinschaft bedeutete und nicht einen Zustand, der sich an- und ausschalten lässt wie ein Pay-TV-Programm, scheint lange zurückzuliegen. Unsere Großeltern zogen beim Geschlechtsakt noch die Vorhänge zu, ihre Urenkel schalten Webkamera und Halogenscheinwerfer ein. Sexualität 1.0 fand im Schlafzimmer statt und nicht bei YouPorn.com. Wir reden hier von jener Zeit, als der Swingerclub ein Ort zum Musikhören und Tanzen war, und nicht eine Lokalität, wo sich Eheleute beim Fremdgehen zuschauen. Heute betrügen viele den Partner mit der gleichen Selbstverständlichkeit wie sich selbst.

Tiger Woods übrigens hat die öffentliche Empörung, die ihm entgegenschlug, nicht verdient. Der amerikanische Golfspieler ist ein Fremdgeher der alten Schule. Mit viel Aufwand und Geld versuchte er zu verheimlichen, was verheimlicht gehört. Er wollte, dass wir sein Handicap bewundern, nicht seine Potenz.

Nur noch Einfaltspinsel, so scheint es jedenfalls,

sind mit sich selbst zufrieden. Alle anderen haben ihre einstige Leidenschaft für den Hobbykeller auf eine neue, zeitgemäße Grundlage gehoben. Es wird nicht mehr an Seifenkisten geschraubt, sondern am eigenen Körper gewerkelt. Der Kunststoff-Hoden sei der letzte Schrei, liest man. Die Firma Polytech Health & Aesthetics aus Dieburg liefert ihn mittlerweile auch an Hundebesitzer, die ihren Vierbeiner durch ein opulenteres Gemächt in der Rangordnung nach oben katapultieren wollen. Das sei wichtig für das Selbstbewusstsein, sagen sie. Ob das von Hund oder von Herrchen, sagen sie nicht.

Die traditionelle Familie wirkt daneben etwas vermufft. Wer abends Hausaufgaben mit seinen Kindern macht, gilt als Langweiler. Der Blockflötenunterricht wirkt wie ein musikalischer Gruß aus der Heidi-Welt. Die Familie wurde – oder hat sich selbst – vom gesellschaftlichen Muss zur Möglichkeit heruntergestuft. Es habe sich, so Ulrich Beck, der Typus der »Verhandlungsfamilie auf Zeit« herausgebildet, ein »Zweckbündnis zum geregelten Emotionalitätsaustausch auf Widerruf«.

Die Schere zwischen Reich und Arm mag groß sein; die Schere zwischen unserem tatsächlichen Leben und den angebotenen Lebensmöglichkeiten ist in jedem Fall größer. Ständig schwanken wir zwischen Augenblicksgier und den Geboten der Vernunft, zwischen Welteroberung und Riester-Rente.

Die neue Technik macht uns arg zu schaffen. Sie ist so großartig, dass sie uns klein macht. Früher war nichts besser, aber alles einfacher. Unsere Väter konnten die Konsumartikel, die ein durchschnittlicher 70er-Jahre-Haushalt besaß, nicht nur bedienen, sondern auch reparieren. Samstags verschwanden sie unter der Motorhaube des VW Käfers. Wenn es sein musste, schraubten sie auch Rasenmäher oder Kofferradio auseinander. Die Probleme begannen meist erst beim Zusammenschrauben.

War der Empfang des Saba Schwarz-Weiß-Fernsehers gestört, riefen unsere Mütter keine Toll-Free-Nummer an, sondern unsere Väter, die dann auf den Dachboden klettern mussten, um die Antenne zu richten. Wir Kinder beobachteten gespannt, wie aus dem Schneegestöber auf dem Bildschirm ein sauber gescheitelter Herr auftauchte, der sich als Karl-Heinz Köpcke vorstellte.

Eines muss man dem neuen Leben zugute halten: Es ist zwar verrückter und oft auch komplizierter als das alte, aber es dauert dafür länger. Denn selbst der Tod ist nicht mehr das, was er mal war. Im Mittelalter war für viele mit 30 Lebensjahren Schluss. Die Leprakranken wurden vor den Toren der Stadt abgelegt und isoliert. Noch im Bismarck-Reich lag die durchschnittliche Lebenserwartung erst bei 40 Jahren, weshalb die von ihm gegründete Rentenkasse in Geld schwamm. Kaum ein Arbeiter erlebte sein offizielles Rentenalter, das damals bei 70 Jahren begann. Die Menschen waren tot, aber dem System ging es prächtig.

Heute verhält es sich andersherum. Das Rentensystem kollabiert, aber die Rentner sind rüstig. Kaum einer muss vorzeitig sterben. Wer seinen Körper ähnlich pfleglich behandelt, wie es Steve Jobs für das iPhone verlangt (direkte Sonneneinstrahlung meiden, nachts die Batterien aufladen), dem wird in aller Regel ein langes Leben beschert.

Nun versucht man auch noch eines der letzten verbliebenen Todesrisiken, den gewöhnlichen Hausunfall, unter Kontrolle zu bekommen. Gegen eine Leihgebühr verteilt das Rote Kreuz eine Halskette, die sich unter älteren Menschen großer Beliebtheit erfreut. Meine Oma besaß ein solches Modell.

Diese Kette wird wie ein Schmuckstück getragen, nur dass an der Stelle des Juwels ein roter Notfallknopf mit Peilsender sitzt. Wer im Keller stolpert, in der Küche vom Trittbrett fällt, im Badezimmer ausrutscht oder sonst wie die Ankunft von Gevatter Tod verspürt, der braucht nur den Knopf zu drücken, und schon rücken die Lebensverlängerer vom DRK mit Sauerstoffflaschen und Infusionen an. Beim Hinfallen landet man automatisch auf dem roten Knopf, wie meine Oma mir erklärte. Der Tod hat sie dann doch leider noch überlistet, als er im Schlaf zu ihr kam.

8

Fernreise zum Ich

Selbst unsere Nahrungsaufnahme ist von den immer wiederkehrenden Individualisierungsschüben betroffen, wie die Kellner der gehobenen Restaurants zu berichten wissen. Früher bestand ihre Berufsehre darin, sich die Wünsche der Kundschaft merken zu können. In den guten Restaurants wurde mit dem Gedächtnis, nicht mit dem Bestellzettel gearbeitet.

Das ist unmöglich geworden, sagt eine neue Studie, über die in der *New York Times* berichtet wurde. Wissenschaftler fanden heraus, dass nicht die Kellner, sondern die Kunden schuld sind. Die Speisekarte gilt vielen nur noch als Ideensteinbruch, aus dem sie ihr Leibgericht entwerfen. Modische Vorlieben, Diätpläne und Allergien, echte wie eingebildete, tragen ihren Teil zur Komplexität bei, die auch der perfekte Kellner nicht mehr beherrschen kann.

Der Bundestagsabgeordnete und Universitätsprofessor Karl Lauterbach hat die Schrulligkeit auf die Spitze getrieben. Seit er als Gesundheitsforscher eine Salz-Studie durchführte (die ergab, dass Salz im Essen unschädlich ist), kann er kein Salz mehr leiden. Wenn er zu Tische sitzt, muss aus Soßen und allen anderen Essensbestandteilen das Salz verschwinden. Mit seinen Bestellungen treibt er jeden Kellner an den Rand des Wahnsinns, wenn er verlangt: Salzkartoffeln, aber ohne Salz bitte.

Ein Stück Lauterbach steckt in uns allen. Der Sitznachbar in der Bahn, der mit dem Ohrclip seines Handys aussieht wie ein Außerirdischer und deutlich zu laut spricht, gilt uns als Rüpel. Hallo Schatz. Tschüss Mutti. Frau Richter, wie viel Resturlaub habe ich noch? Bis wir unser Spiegelbild in der Fensterscheibe entdecken. Der Typ mit dem am Kopf angewachsenen Handy sieht aus wie wir. Er spricht auch wie wir.

Der Gedanke, dass wir über einen privilegierten Zugang zu uns selbst verfügen, kann als widerlegt gelten. Nicht ohne Grund bietet ein Veranstalter von Wellness-Reisen mit großem Erfolg »die Fernreise zum Ich« an. Dass wir nicht Herr im eigenen Haus sind, vermutete bereits Sigmund Freud. Heute erleben wir täglich, wie Bewusstsein und Unterbewusstsein mit ausgefahrenen Ellbogen um die Vorherrschaft ringen, wie der eine den anderen bezichtigt, soeben wieder das Gegenteil dessen zu tun, was man eben noch gemeinsam für richtig hielt. So laufen wir wie ferngesteuert in jene Schnellrestaurants, vor deren Besuch wir unsere Kinder so eindringlich warnen. Wir kaufen Bücher, die wir nicht lesen. Wir schreiben freundliche E-Mails an Menschen, die wir nicht mögen. Wir zappen ziellos durchs TV-Programm und schämen uns dafür, dass auch wir beim Dschungelcamp hängen bleiben. Gott sei Dank sind wir nicht allein. Die durchschnittliche Verweildauer vor dem Fernseher ist von 60 Minuten in den 70er-Jahren auf fast vier Stunden im Jahr 2010 gestiegen. Das kann nicht nur an den anderen liegen.

In der Welt der Politik stehen sich die beiden Ichs als tollkühne Duellanten gegenüber. Der Konservative hängt voller Wehmut an der traditionellen Familie, und zugleich redet er einem Wirtschaftssystem das Wort, das mit seinem Hang zu Flexibilität und Flüchtigkeit allem Traditionellen den Garaus macht. Der Linke kämpft mit äußerstem Einsatz für den Erhalt von Juchtenkäfern, Graugänsen und Fröschen in ihren jeweiligen Biotopen, derweil er für das drei Monate alte Embryo im Mutterleib keine Hand rühren würde.

Das Erschreckende an der Klimakatastrophe ist ja nicht, dass es allmählich wärmer wird, sondern dass wir uns nicht aufraffen können, diesen Temperaturanstieg zu verhindern. Derweil die Pole schmelzen und der Eisbär von der Scholle rutscht, ist die Motorkraft unserer Autos von 50 PS in den 70er-Jahren auf eine durchschnittliche Motorisierung von 135 PS gestiegen. Der Kleinwagen wird von allen Experten als modern und ökologisch gelobt. Aber der SUV und die anderen Straßenmonster sind die wahren Helden der Autoindustrie. Ihre Zulassungszahlen haben sich seit dem Jahr 2000 in Deutschland verdreifacht.

Schon bei leichter Brise werden auf der Gartenparty keine Pullover verteilt, sondern die Gasstrahler angedreht. Nichts liegt uns ferner, als des Nachts im Haus die Standby-Schalter zu deaktivieren, auch wenn sich übers Jahr gerechnet doch sehr ansehnliche Einsparmengen ergeben würden, wie uns der SPD-Vorsitzende Sigmar Gabriel vorrechnete, als er noch die Rolle des Umweltministers spielte.

Zwei Gedanken trösten uns: Erstens sagen die Klimaforscher, dass es im mittelalterlichen Klimaoptimum (1000 bis 1300 n. Chr.) in Europa deutlich wärmer war als heute, obwohl es weder Autos noch Heizstrahler gab. Und zweitens ahnen wir, dass einer wie Gabriel niemals alle Stecker ziehen würde, bevor er in Goslar in sein Bett steigt. Seine Schlitzohrigkeit und unsere Scheinheiligkeit scheinen sich ganz gut zu ergänzen. Vielleicht ist er doch der richtige Kanzler für uns.

9

Karl Marx und das freundlichste Schreckgespenst des Jahrhunderts

Die bisherige Arbeitswelt war aus Sicht ihrer Bewohner ein eigener, höchst behaglicher Planet. Auf ihm roch es nach Filterkaffee, und kurz vor Feierabend spritzte immer mal wieder der Geburtstagssekt. Das Wort »Incentive-Reise« war noch nicht erfunden, aber niemand vermisste etwas. Dafür gab es ja die Weihnachtsfeier.

Die Firma war für viele das Rückgrat des Lebens, an dem entlang sich alles andere Leben gruppierte. Arbeit war nicht gleichbedeutend mit Spaß, aber gleichbedeutend mit Stabilität war sie schon. Wer die Quelle deutscher Normalität aufsuchen wollte, musste nur zur nächstgelegenen Fabrik eilen. Von dort aus wirkte jene geheimnisvolle Alltagsmacht, die mehr als andere Alltagsmächte dem Leben Halt gab.

Der Takt der Maschinen erforderte standardisierte Produktionsprozesse bis hin zu den Vorprodukten, die wie ein Ei dem anderen zu gleichen hatten. Was nicht normal war, störte den Produktionsablauf. Der Arbeiter musste sich dem Druck anpassen, der von Fließband, Fertigungsstraße und später dann dem Industrieroboter ausging. Der größte Vorwurf an das neue Produktionsregime war zunächst der, es sei unmenschlich, weil monoton.

Der 1812 in England geborene Schriftsteller Charles Dickens wurde schon als Zwölfjähriger morgens in eine Fabrik zur Herstellung von Schuhpolitur geschickt. Er beschrieb, was er auf dem Weg dorthin sah: »Eine Stadt der Maschinen und Fabrikschlote; eine Stadt mit einem schwarzen Kanal und einem purpurrot schillernden, unangenehm riechenden Fluss; eine Stadt mit riesigen Gebäuden voller Fenster, hinter denen es den ganzen Tag lang ratterte und vibrierte und hinter denen sich der Kolben der Dampfmaschine monoton auf und nieder bewegte – wie der Kopf eines Elefanten in melancholischer Verwirrung.«

Das Rückgrat der Normalbiografie einer Normalfamilie war seit jenen frühen Tagen der Industrialisierung ein Normalarbeitsverhältnis, was bedeutete, man spazierte morgens durchs Werkstor und abends wieder hinaus. Der Einzelne, der als Handwerker, Landarbeiter oder Stallbursche eben noch im Einklang mit der Natur und den Tageszeiten gelebt hatte, fand sich als Soldat einer industriellen Armee wieder. Der vorindustrielle Handwerker beendete seine Arbeit nicht durch den Blick auf die Uhr, sondern mit der Fertigstellung von einem Paar Schuhe oder eines Goldgeschmeides. Der vorindustrielle Mensch lebte mit der Zeit, sein Nachfolger rannte ihr ständig hinterher.

Das Regime des Industriezeitalters funktionierte nach anderen Regeln. Nach dem Takt der Stechuhr musste nun im Drei-Schicht-Betrieb marschiert werden. »Der Mensch wurde pünktlich gemacht, standardisiert für die Industriegesellschaft«, sagt Karlheinz A. Geißler, emeritierter Professor für Wirtschaftspädagogik an der Universität der Bundeswehr in München. Die Industriegesellschaft bezeichnet er als Zeitverdichtungsgesellschaft. Der am großen Uhrzeiger hängende Charlie Chaplin hat ihr in »Modern Times« ein filmisches Denkmal gesetzt.

Die neuen Fabrikherren legten es darauf an, in ihren Werkshallen möglichst viele Arbeiter möglichst lang, möglichst intensiv zu beschäftigen. Die Wiederholung des bereits Wiederholten und die Beschleunigung der Beschleunigung prägten von nun an den Arbeitsalltag. Der Mensch wurde abgerichtet wie ein Zirkuspferd, das im Takt der Turbinen seine Kunststückchen vorzuführen hatte. Mehr Rechte als das Zirkuspferd besaß er auch nicht.

Soziale Absicherungen fehlten, und wenn nicht, dann wurden sie als Almosen gewährt.

Die Normalität unschöner Verhältnisse würde unweigerlich zum Arbeiteraufstand führen, und die nächste Normalität sei dann der Kommunismus, so dachten Karl Marx und sein Freund und Förderer Friedrich Engels. Was haben die beiden sich empört, als der Industriekapitalismus sein Haupt erhob. Doch die Arbeiter waren gewitzter als ihre Theoretiker. Sie akzeptierten das Regime der industriellen Herstellung, übertrugen aber seine Prinzipien auf ihre eigene soziale Absicherung. Was den Unternehmern die schwankungsfreie Produktion, bedeutet den Arbeitern ein schwankungsfreies Leben. Also fegten sie das System nicht hinweg, wie Marx es ihnen geraten hatte, sondern schlossen sich an die große Gewinnmaschine an. Nicht der Einzelne sorgte fortan für seine Absicherung, wie es noch in vorindustriellen Zeiten üblich war, sondern das Produktionskollektiv. Der Feind war zur Heimat geworden. Die industrielle Gesellschaft schaffte die eine große, für alle gültige Normalität.

Alles war nun normiert, das Arbeiten, das Leben, das Konsumieren und auch das Leiden. Denn für die Wechselfälle des Lebens, Arbeitslosigkeit und Krankheit zum Beispiel, standen bald schon Sozialversicherungen bereit, die es leicht hatten, auf der

Grundlage all dieser Normalitäten ihren Tarif zu kalkulieren. Das Gegenstück zum Fließband wurde die Sozialversicherungsnummer.

Das war kein schlechtes Tauschgeschäft, auf dem die Marktwirtschaft, wie sich der Kapitalismus nach seiner Zähmung nannte, beruhte: Der Einzelne trug die Last der Arbeit; dabei blieb es. Aber die Last der damit verbundenen Risiken übernahm seit Reichskanzler Bismarcks Zeiten die ihn umgebende Gesellschaft. Der Arbeiter konnte auf ihre Kosten krank, alt und seit 1927 auch arbeitslos werden. Zwischen dem Einzelnen, seiner Firma und dem Sozialstaat war ein stabiles, weil auf Verträgen und einklagbaren Rechten beruhendes Dreiecksverhältnis entstanden.

Das kapitalistische Schreckgespenst, das Marx erfunden und Engels verbreitet hatte, entpuppte sich als das menschenfreundlichste Gespenst der Weltgeschichte. Es gibt heute keinen Arbeiter, dem es schlechter geht als seinem Vorfahren. Massenproduktion brachte nicht Massenelend, sondern Masseneinkommen. Zwar wurde der Mensch zum Massenmensch, wie Hannah Arendt kritisch anmerkte, allerdings lebte dieser Massenmensch bald schon im Massenwohlstand. Ohne den Dynastien der Krupps, Thyssens und Haniels nach dem Munde reden zu wollen, kommt man heute nicht umhin, den historischen Erfolg der Industriebarone zu lobpreisen: Das Industriezeitalter vergrößerte am Ende nicht das Elend der Arbeiterklasse, sondern beseitigte es. Die neue Klasse der Stahlkocher, Kohlekumpel und Maschinenbauer nahm Abschied vom Petroleumlampen-Zeitalter und landete – nach Jahren harter, nicht selten auch unmenschlich harter Arbeit – im Zeitalter von Stromlampe, Radiogerät und Automobil, bevor sie ins Zeitalter von Handtelefon, Zweitwagen und Kernspintomograf weitermarschierte.

Jeder zweite Deutsche besitzt heute Wohnungseigentum, neun von zehn Deutschen nennen ein Automobil ihr Eigen, und nahezu jeder Haushalt verfügt über zwei Fernsehgeräte. Der Konsum wurde demokratisiert. Die privaten Sparbücher weisen zum Stichtag 31.11.2010 einen neuen Rekord von 591 Milliarden Euro auf. Noch 1960 standen nur 24 Milliarden Euro in den Sparbüchern. Zu Beginn der Industrialisierung besaßen die meisten Familien nichts außer ihrer Vorratskammer, einer Kuh und dem Sonntagsrock. Nun aber war der industriellen die sozialstaatliche Normierung gefolgt.

10

Unser Wohlfahrtsstaat.
Normalität auf Abruf

Der Sozialstaat wurde die neue Gottheit der Deutschen. Man glaubte an ihn und fühlte sich auch emotional zu ihm hingezogen. Alle Wahlkämpfe seit Einführung der Sozialversicherung stellten seinen Ausbau in Aussicht. Wohlstand für alle, auch für die Zurückgebliebenen und Zukurzgekommenen, wurde zum politischen Leitmotiv einer ganzen Epoche. Die natürliche Abwärtsmobilität, mit der das kapitalistische System den Talentlosen und Ungebildeten drohte, war damit gebremst.

Das Wirtschaftssystem mit angeschlossenem Wohlfahrtsstaat sorgte nicht nur für die Nähe von Unternehmern und Arbeiterschaft, für Wachstum und Wohlstand, sondern war in entscheidendem Maße für die politische Stabilität im Lande verantwortlich. Auch weil die Kirche sich schon vorher auf dem Rückzug befand, Familie und Ehe seit dem Ende der 60er-Jahre an Bindekraft einbüßten, die Skepsis gegenüber den politischen Parteien stetig zunahm, wie mit der 68er-Bewegung und später der Gründung der Anti-Parteien-Partei Die Grünen offenkundig wurde, konnte das Wirtschafts- und Sozialsystem seine überragende Bedeutung weiter ausbauen. Die soziale Marktwirtschaft war das Beste, was den Deutschen in ihrer Staatsgeschichte passiert war. Die neue Religion brachte Worte hervor, die in den Ohren der meisten Deutschen wie ein Glockenspiel klangen: Arbeitermitbestimmung, 40-Stunden-Woche, Freizeitausgleich. Wenig später kamen noch die Worte Eigenheimzulage und Kilometerpauschale hinzu.

Die Politiker halten sich viel auf die politische Kultur im Lande zugute, auf freie Wahlen, Parteienwettbewerb und Medienvielfalt. Das ist alles gut zu haben. Nichts davon wollen die Deutschen missen. Aber das Gravitationszentrum des Landes befand sich nicht in Bonn oder Berlin, weder im Bundestag noch in einer Zeitungsredaktion, sondern in den unscheinbaren Umverteilungsagenturen, die überall im Land ihre Filialen betrieben. Auf ihren Fluren lag Linoleum, in ihren Wartezimmern musste man Nummern ziehen, bevor man das Amtszimmer betreten durfte, die Freundlichkeit ist in diesen Hallen nie heimisch geworden. Aber von hier aus wirkten jene magischen Anziehungskräfte, die das Nachkriegsdeutschland zusammenhielten.

Das Volk versteht das meiste falsch, aber fühlt das meiste richtig, sagte einst Kurt Tucholsky. In der Sozialstaatsdebatte beweist sich die Richtigkeit seines Bonmots. Große Teile der Deutschen sind regelmäßig empört, wenn die heutigen Politiker an einer der Stellschrauben des Wohlfahrtsstaates drehen. »Sozialabbau! Kürzungsorgie! Umverteilung von unten nach oben!«, wird dann gerufen.

Diese Empörung beruht auf einer falschen Einschätzung der Wirklichkeit. Wahr ist, der Wohlfahrtsstaat verdreifachte seine Ausgaben allein in den vergangenen 25 Jahren, in den vergangenen zehn Jahren konnte er sie noch einmal um 20 Prozent steigern. Selbst nach Abzug der Preissteigerungsraten ergibt sich ein Anstieg. Deutschland wird also immer sozialer. Die Steuer hat man den Armen nahezu komplett erlassen, das Arbeiten zum Teil auch. Jeder zweite Deutsche geht keinerlei Beschäftigung nach, sei es, dass er zu jung oder zu alt oder zu krank ist. Oder sich auch nur so fühlt.

Von der anderen, der arbeitenden und Steuer zahlenden Hälfte sind es auch wieder nur 50 Prozent, die durch die Zahlung von Lohn- oder Einkommenssteuer einen nennenswerten Obolus in die Staatskasse einzahlen. Die »untere Hälfte« der Steuerzahler trägt keine sechs Prozent zum gesamten Aufkommen der Lohn- und Einkommenssteuer bei. 80 Prozent der Einnahmen aus der Lohn- und Einkommenssteuer stammen vom »oberen Drittel« der Steuerbürger. Es handelt sich um jene Menschen, die man vorwurfsvoll die »Besserverdiener« nennt.

Die Wahrheit verhält sich also umgekehrt proportional zur Wahrnehmung: Täglich findet in Deutschland eine Umverteilung von oben nach unten statt. Die Kundschaft des deutschen Sozialstaats erfährt eine Fürsorglichkeit, wie wir sie sonst nur bei den Großfamilien der Urvölker antreffen, wo einer den anderen füttert. Man betrachte nur den steil steigenden Ausgabeposten »staatliche Erziehungshilfe«. 5,4 Milliarden Euro wurden 2010 dafür ausgegeben, das ist annähernd dreimal so viel, wie wir den Afrikanern als Entwicklungshilfe überweisen. Die »Erziehungshelfer«, die in manchen Kommunen auch »Familienhebammen« genannt werden, greifen überall dort ein, wo Kinder hungrig, verstört oder verlottert in der Schule erscheinen, oder gar nicht. Im idyllischen Gütersloh gab die Stadt im vergangenen Jahr für eine einzige Familie 286 000 Euro aus, weil alle fünf Kinder Erziehungshilfe benötigten. Bundesweit werden derzeit eine halbe Million Kinder und Heranwachsende auf diese Art von Vater Staat betreut.

Das soll an dieser Stelle nicht kritisiert werden, aber es muss zumindest festgehalten werden. Denn es klingt wie eine Provokation, dabei ist es nichts als die Wahrheit: Es gab in Deutschland bisher keinen Sozialabbau. Was in der Öffentlichkeit als solcher bezeichnet wird, meint die Umverteilung von der einen Bedürftigengruppe zur nächsten. Der Hartz-IV-Empfänger stellt den Gürtel ein Loch enger, die alleinerziehende Mutter weitet ihn. Der Rentner legt eine Rentenerhöhungspause ein, bei den Familien wird zur gleichen Zeit das Kindergeld aufgestockt. Alle Beteiligten wissen im Grunde, dass bei diesem Spiel sich die ganz große Aufregung nicht lohnt. Die nächste Runde wird andersherum gespielt. Auch deshalb fällt der »heiße Herbst«, der uns Jahr für Jahr annonciert wird, immer so kühl aus.

Die Ängste derer, die das Verschwinden sozialstaatlicher Nachkriegsnormalität befürchten, sind dennoch nicht aus der Luft gegriffen. Die Menschen frösteln vorsorglich. Es wird so kommen, wie sie albträumen. Das Funktionsversagen des Wohlfahrtsstaates ist unterwegs. Es ist für die Experten treffsicherer prognostizierbar als jedes Hochdruckgebiet über der rheinischen Tiefebene. Wäre der Sozialstaat ein Lebensmittel, dann könnte man es noch genießen, aber sein Haltbarkeitsdatum wäre bereits abgelaufen. Wäre er ein Auto, würde er noch fahren, aber ihm fehlte bereits die TÜV-Plakette. Wäre der Sozialstaat ein Mensch, wäre er noch gut beieinander, aber besäße bereits die Seniorenfahrkarte der Deutschen Bahn AG.

Nun käme niemand auf die Idee, den Besitzer einer Seniorenkarte aufgrund seines Alters und seiner Gebrechlichkeit gering zu schätzen. Wer Oma und Opa als Oma und Opa anspricht, ist deswegen kein Oma-und-Opa-Kritiker. So wenig wie derjenige, der auf die Gebrechlichkeit des Sozialstaats hinweist, ein Sozialstaatskritiker ist. Wer so redet, ist lediglich Sozialstaatsrealist. Diese Spezies Mensch lebt davon, dass sie das Wünschenswerte und das Wirkliche auseinanderhält, auch wenn es dafür keine Norbert-Blüm-Gedenkplakette zu gewinnen gibt. Ihre Grundeinstellung ähnelt der des Malers Gustave Courbet. Der Vertreter des Realismus soll auf die Frage, warum er Frauen so wirklichkeitsgetreu male und nicht, wie damals üblich, als Engel, geantwortet haben: »Bringt mir einen Engel ins Studio. Dann male ich ihn.«

Die wichtigste Funktion des Sozialstaats besteht nicht in der Auszahlung eines möglichst hohen Betrags an möglichst viele Mitglieder der Gesellschaft. Seine wichtigste Aufgabe ist die zuverlässige Absicherung gegen die Stürme des Lebens, denen der Einzelne alleine wehrlos ausgeliefert ist. Es geht vordergründig um Geld, aber wichtiger noch: Es geht um Vertrauen. Darin lag die magnetische Anziehungskraft des Wohlfahrtsstaates deutscher Prägung.

Jeder weiß, dass eine langjährige Krebstherapie

sich kein Facharbeiter leisten kann. Die Gemeinschaft aller Facharbeiter aber, die füreinander
lebenslang einzahlt und dann im Fall der Fälle ein-
springt, kann das sehr wohl. Schon das eigene Alt-
sein überfordert die Finanzkraft der allermeisten.
Dagegen ist kein Kraut gewachsen, es sei denn, die
Jungen zahlen für die Alten. Für die eigene Aus-
und Fortbildung hat auch ein Berufsanfänger keine
eigenen Reserven. Woher auch? Er steht ja erst am
Anfang seiner Laufbahn. Das Geld für seine Er-
tüchtigung muss also von denen kommen, die sich
bereits in Lohn und Brot befinden. Im Gegenzug
muss er, wenn er aufgestiegen ist, dem Nächsten in
der Seilschaft die Ausbildung zahlen. Der Sozialstaat, so sagte es Herbert Wehner, sei mehr als nur
»die Sanitätskolonne mit Pflasterkasten«.

Diesen vor- und nachsorgenden Sozialstaat, wie
wir ihn heute kennen, wird es bald nicht mehr
geben. Kein noch so großartiger Exporterfolg und
auch nicht die stärksten Winde der Konjunktur
werden ihn am Versagen hindern. Der deutsche
Wohlfahrtsstaat heutiger Prägung verliert an Energie, weil seine Energiezufuhr gedrosselt wird. Noch
stehen die geburtenstarken Jahrgänge allesamt in
Saft und Kraft. Der kräftige Wirtschaftsauf-
schwung unserer Tage ist ihr Werk. Das demografische Problem hat – entgegen der öffentlichen Wahrnehmung – noch gar nicht begonnen. Das heutige

Deutschland lebt noch immer von jener altmodischen Normalität, als Mann und Frau Kinder zeugten und nicht nur Sex hatten.

Doch aus fehlenden Babys werden bald schon fehlende Arbeiter und Angestellte. Der produktive Kern des Landes, also jene Sphäre der Wertschöpfung, in der Wohlstand erzeugt wird, zieht sich zusammen, derweil die Kruste, da, wo die Kernenergie konsumiert wird, sich ausweitet. Die Jungen werden seltener, und die Alten werden älter. Die größte und langlebigste Rentnergeneration der europäischen Geschichte ist im Anmarsch.

11

Lok ohne Heizer

Der moderne Sozialstaat lässt sich mit der guten alten Dampflok vergleichen: Wenn weniger Heizer weniger Kohlen schippen, geht der Eisenbahn der Dampf aus. Nur wenn neue Heizer von irgendwoher aufspringen – egal ob aus Hamburg-Eppendorf, Weißrussland oder dem Orient –, kann der Zug sein Tempo halten. Nur dann wird der Wohlfahrtsstaat die von ihm gemachten Zusagen erfüllen.

Bis zum Jahr 2050 aber geht Deutschland jedes Jahr eine 200 000-Einwohner-Stadt verloren. Wer verstehen will, wie eine solche Schrumpfung das Land verändert, nehme eine Schere und die große Deutschlandkarte von Shell. Nun schneide er die entsprechende Zahl der Städte heraus, 40-mal eine Stadt so groß wie Kassel. Am Ende des Experiments sieht die Landkarte ziemlich löchrig aus. Das Deutschland des Jahres 2050 wäre ein Deutschland ohne Kassel, Marburg, Gießen, Aachen, Augsburg, Braunschweig, Bielefeld, Bochum, Bonn, Chemnitz, Dresden, Duisburg, Essen, Halle, Karlsruhe, Kiel, Krefeld, Magdeburg, Oberhausen, Gelsenkirchen, Wuppertal, Düsseldorf, Potsdam, Nürnberg, Würzburg – und die beiden Frankfurts würden auch noch fehlen.

Die Vereinten Nationen (die können nicht nur Sanktionen erlassen, die können auch rechnen) haben in einer Bestandserhaltungsstudie herausgefunden, dass die Deutschen, um die Zahl ihrer Erwerbspersonen zu halten, in den nächsten 40 Jahren gebären müssten wie die Hasen. Oder aber sie müssten ihre Grenzen für eine jährliche Nettozuwanderung von rund 500 000 gut ausgebildeten und dann viel verdienenden Menschen öffnen. Das würde bis zum Jahr 2050 den Zuzug von 25 Millionen Ausländern bedeuten. Dann wären 2050 genauso viele Heizer auf der Lok wie heute.

Die Zahlen der Vereinten Nationen sind sauber berechnet, aber utopisch zu erreichen. So utopisch wie die Einhaltung der vom Wohlfahrtsstaat gemachten Versprechen. Die Nachrufe auf den Sozialstaat, wie wir ihn kennen, können daher bereits heute verfasst werden. Das Verhältnis von Passagieren zu Heizern verschlechtert sich zu unseren Lebzeiten dramatisch. Waren es in den 60er-Jahren vier Heizer, die für einen Passagier zuständig waren, so sind es heute drei Heizer; im Jahr 2050 werden zwei Heizer für einen Passagier sorgen. Der Zug verliert unweigerlich an Tempo.

Die Sozialpolitiker haben den Mund zu voll genommen. Die Sicherheit, die sie versprachen, kann es nicht geben. Stattdessen kommen: Kürzungen! Sozialabbau! Eigenvorsorge! Und noch mehr Umverteilung von oben nach unten kommt wohl auch. Das Ende der sozialpolitischen Normalität ist in Sicht.

Die Politiker könnten wir an dieser Stelle mit Vorwürfen überziehen, weil es ihre Aufgabe wäre, die hier geschilderte Problemlage zu benennen und zu entschärfen. Das ist ihr Beruf. »Alle große politische Aktion besteht im Aussprechen dessen, was ist. Alle politische Kleingeisterei besteht in dem Verschweigen und bemänteln dessen, was ist«, so hat es der Gründungsvater der SPD, Ferdinand Lassalle, seinen Nachfolgern ins Stammbuch geschrieben.

Aber erstens hilft die Vorwurfshaltung jetzt auch nicht mehr. Zweitens können Politiker, trotz des unerschrockenen Einsatzes von Horst Seehofer, nicht alle fehlenden Kleinkinder selber zeugen. Und drittens haben einige Politiker es ja mit einer Probebohrung in Richtung Wahrhaftigkeit versucht. Nur Durchbrüche haben sie nicht erzielt. Bundeskanzler Gerhard Schröder sagte in seiner Rede zur Agenda 2010: »Wir werden Leistungen des Staates kürzen, Eigenverantwortung fördern und mehr Eigenleistung von jedem Einzelnen abfordern müssen.« Es ist ihm nicht gut bekommen. 329 Tage später musste er den Parteivorsitz der SPD abgeben. 591 weitere Tage später war er abgewählt. Die Agenda 2010 gilt heute vielen Sozialdemokraten als dunkler Fleck in der Parteiengeschichte.

Zuletzt hat Guido Westerwelle mit dem ihm eigenen Alarmismus versucht, die Deutschen aufzuschrecken: »Wer kellnert, verheiratet ist und zwei Kinder hat, bekommt im Schnitt 109 Euro weniger im Monat, als wenn er oder sie Hartz IV bezöge. Diese Leichtfertigkeit im Umgang mit dem Leistungsgedanken besorgt mich zutiefst. Wer dem Volk anstrengungslosen Wohlstand verspricht, lädt zu spätrömischer Dekadenz ein.« So schrieb der Vizekanzler und FDP-Vorsitzende in einem Kommentar für die Zeitung *Die Welt*.

Seither ist Westerwelle bei allen unten durch. Die einen denken, das sagt man nicht. Die anderen sagen, das denkt man nicht. Nicht mal die Vereinigung der Kellner hat ihm applaudiert.

Die Deutschen wollen nicht, dass so über ihren Sozialstaat gesprochen wird. Das angekündigte Ende der sozialstaatlichen Normalität schmerzt sie so sehr, dass sie es nicht wahrhaben möchten. An geraden Tagen verlangen sie von ihrer Regierung

Klarheit und Wahrheit, an ungeraden Tagen nehmen sie es ihr übel. Die Bürger selbst haben zwar den Generationenvertrag gekündigt, indem sie das Kinderkriegen in ausreichend großer Kopfzahl einstellten. Aber das ändert nichts an ihrem Trennungsschmerz.

Das Ende der sozialstaatlichen Normalität bedeutet das Ende der letzten großen Selbstverständlichkeit in Deutschland. Wieder stirbt eine Kirche, mit dem Unterschied, dass in diesem Fall alle Bürger die Sakramente des Wohlfahrtsstaates gern noch weiter genommen hätten. Die Deutschen treten aus dem Wohlfahrtsstaat nicht aus, sie werden ausgetreten. So empfinden sie es.

Die Folgen dieses geschichtsmächtigen Vorgangs sind in ihrer Dramatik zu lindern, aber nicht zu lösen. Wir sollten die Schreiben der Rentenversicherung als das betrachten, was sie sind, mystische Zeugnisse einer untergehenden Epoche, Grüße aus der Vergangenheit, die erst heute zugestellt werden. Diese Schreiben sind eher eine Unterabteilung der Literatur, die Wahrheit werden wir auf ihnen niemals gedruckt finden, die da lautet: Die Altersarmut wird in den deutschen Alltag zurückkehren. In der ärztlichen Versorgung ist der Einzug der Mehrklassenmedizin unvermeidbar. Das Machbare ist nicht mehr das für alle Bezahlbare. Aus dem Rentenbeitrag wird bald schon eine Sondersteuer, weil alle heute unter 35-Jährigen mehr einzahlen, als sie später herausbekommen werden.

Die Politiker versuchen die aufkeimende Unruhe, die Angst vor zu frühem Tod und finanzieller Überforderung, mit neuen Versprechungen zu dämpfen. Der Immobilienschatz der Deutschen sei groß und werde über die Jahre staatlicher Dürre hinweghelfen. Am Arbeitsmarkt könnte es bald schon zu Vollbeschäftigung kommen, womit der Sozialstaat viel Geld spare. Ohnehin dürften die Aufwendungen des Staates bei sinkender Bevölkerung zurückgehen.

Doch die neuen Versprechungen sind so trügerisch wie die vorherigen. Der Immobilienschatz wird durch das Schrumpfen der Wohnbevölkerung eher entwertet. In einem weltweiten Arbeitsmarkt werden auch künftig nur die Gutausgebildeten und Tüchtigen ihr Auskommen finden. Das Gespenst der Nutzlosigkeit, vor dem Richard Sennett warnt, wird für die Ungebildeten und Ungelernten wohl nie mehr verschwinden.

Und der Staat? Er dürfte keine nennenswerte demografische Dividende kassieren. Mit aufwendigen Umstellungsarbeiten wird er befasst sein, U-Bahn-Netze müssen ausgedünnt, Buslinien geschrumpft, Krankenhäuser fusioniert, Schulen und Regierungsbezirke zusammengelegt werden, damit der heutige Kostenapparat nicht das Land erdrückt. An die großen Kostenblöcke, die Renten und Beamtenpensionen, kommt er ohnehin nur um den Preis eines Aufstandes heran. Allein die Gruppe der Staatsdiener im Ruhestand wird sich in den kommenden 30 Jahren um 50 Prozent erhöhen und alle Hoffnung auf eine demografische Dividende zunichtemachen.

Da Fleiß und Erfindungsreichtum nicht aussterben, wird Deutschlands Wirtschaft weiter produzieren, wahrscheinlich auch weiter erfolgreich exportieren – aber die Teilhabe an den Früchten dieser Erfolge wird höchst ungleich verteilt sein. Die Normalität der geeinten deutschen Gesellschaft endet damit. Das ist die Wirklichkeit, die auf das deutsche Haus zukommt. Vor vielen Jahrzehnten ist sie losgelaufen. Bald wird sie an die Tür klopfen.

12

Die Firma. Wenn Heimat verschwindet

In den meisten Firmen hat sich die alte Normalität bereits verabschiedet. Das Gerüst des Lebens wird für viele gerade abgebaut, derweil die Menschen noch auf ihm sitzen.

Arbeiteten zu Beginn der 70er-Jahre noch 92 Prozent der Beschäftigten in Deutschland in einem Vollzeitarbeitsverhältnis, sind es heute noch 75 Prozent. Die Teilzeitarbeit brachte es bis Ende des Jahrhunderts auf gerade einmal drei Millionen oder acht Prozent der Erwerbstätigen, die unter den mitleidigen Augen ihrer Mitbürger einer Wochenarbeitszeit von weniger als 40 Stunden nachgingen. Zehn Jahre später arbeiten in Deutschland dreimal mehr Menschen in Teilzeitjobs. Sie alle sind zeitlich freier als ihre Vollerwerbskollegen, aber nicht alle sind freiwillig frei.

Selbst da, wo alles normal aussieht, haben sich kleine, aber wichtige Änderungen eingeschlichen.

Viele Mitarbeiter sind dank einfacher Vertrags-
änderungen zu Subunternehmern oder Zulieferern
abgestiegen. Man bleibt an Bord, aber hängt bereits über der Reling. Wenn die Firma weiter Bal-
last abwerfen muss, ist schon alles vorbereitet.

Es gibt derzeit noch Inseln der alten industriellen
Normalität, bei Volkswagen, Daimler und Hunderten traditionsreichen Mittelständlern im südlichen
Deutschland, aber es ist eine Normalität auf Abruf.
Die Zahl der Industriearbeiter ist überall in der
westlichen Hemisphäre rückläufig. Zwei Drittel
aller Autoteile, die heute einen Mercedes ausma-
chen, stammen von Zulieferfirmen aus aller Welt.

Wenn die Deutschen in die USA schauen, haben
sie nicht das Gefühl, sie sehen ihr Spiegelbild, aber
sie haben die Befürchtung, sie schauen in ihre
eigene Zukunft. General Motors, noch immer der
größte Autokonzern der Welt, baute vor 30 Jahren
rund 9,5 Millionen Autos pro Jahr – mit damals
853 000 Beschäftigten. Heute fertigt der Konzern
nur noch 7,5 Millionen Autos pro Jahr – mit einer
um 75 Prozent reduzierten Belegschaft. Den Autos
sieht man das nicht an, wohl aber der Stadt, aus der
sie stammen. Detroit – die Autometropole am
Michigan-See beherbergt neben GM auch Chrysler
und Ford – ist ein unwirklicher Ort geworden. Sie
verlor von 1,8 Millionen Einwohnern im Jahr
1950 jeden zweiten.

Aus der Innenstadt ist jede bürgerliche Normalität entwichen wie die Luft aus einem abgefahrenen Autoreifen. Die Bevölkerung, die sich in den Ruinen der einstigen Wohlstandsfestung eingenistet hat, erfüllt alle Klischees einer billigen Vorabendserie. Sie ist schwarz, arm und überwiegend kriminell. Prostitution und Drogenhandel sind hier die wichtigsten Wirtschaftszweige. Wer sich nach Einbruch der Dunkelheit auf den ehemaligen Prachtboulevard verirrt, ist selber schuld. Die Häscher warten schon auf ihn.

In den USA arbeiten nur noch 14 Prozent der Beschäftigten im produzierenden Gewerbe. In Deutschland ist ihr Anteil von über 50 Prozent im Wirtschaftswunderjahr 1960 auf nunmehr 25 Prozent gesunken. Das Verschwinden der Fabrikarbeit geht in Deutschland bisher nicht einher mit den Verrohungen, wie wir sie aus den USA kennen. Aber es geht einher mit der allmählichen Auflösung der bisherigen sozialen Normalität.

Die Berufslaufbahn war früher ein großer langer Strich, der langsam nach oben führte. Heute sieht eine typische Karriere aus wie das Computerbild eines Patienten mit Herzrhythmusstörung. Was schnell nach oben saust, fällt plötzlich wieder ab. Der Weg vom Facharbeiter zum Hartz-IV-Empfänger ist kurz geworden. Der Weg an die Spitze einer Firma allerdings auch. Im Mediengewerbe benötigt man heute keinen großen Namen, keine fachliche Kompetenz und keine bewegende Biografie, die Kunst des Auffallen-Könnens reicht aus, sich einen Platz im Scheinwerferlicht zu ergattern. Unbekannte tauschen ihre Intimität und Primitivität gegen Publizität. Der deutsche Superstar von heute sieht verpickelt und unglücklich aus wie Daniel Küblböck. Die Medienwissenschaftler Bernhard Pörksen und der Linguist Wolfgang Krischke sprechen von der »Gesellschaft der Beachtungsexzesse«.

Auch die Spaßvögel von der letzten Schulbank können es heute in vielen Branchen mit einem großen Sprung bis auf den Fahrersitz eines S-Klasse-Mercedes bringen. Sie müssen nur bei einem Hedgefonds anheuern, in der Organisation eines Strukturvertriebs zum Filialleiter aufsteigen oder eine Online-Verkaufsstelle für irgendwas eröffnen. Die allseits geforderte Schichtendurchlässigkeit ist Wirklichkeit geworden, allerdings in beide Richtungen.

Es gibt die neuzeitliche Verelendung überall im Westen, auch in Deutschland. Die Beschäftigten sind eben nicht geschlossen vom Industriekapitalismus in die Dienstleistungs- oder Wissensgesellschaft umgezogen, wie viele glaubten, sondern sie sind in einer Unsicherheitsgesellschaft gelandet. Der steile Aufstieg ist möglich, Verarmung ebenso.

Aber die Möglichkeit zu verarmen ist nicht das alleinige, sie ist noch nicht mal das hervorstechendste Merkmal der neuen Zeit. Das Typische der heutigen Arbeitsgesellschaft ist, dass sie schwankt. Sie kennt keine Normalität mehr. Die einen sausen mit der nächsten Bodenerhebung unverhofft nach oben, die anderen zieht es nach unten, mit dem Effekt, dass oft beiden schwindelig wird. Die einen können ihr Glück nicht fassen, so wie die anderen ihr Unglück.

Auch wenn alles einer tieferen ökonomischen Logik folgen sollte, dem Einzelnen erschließt sie sich nicht. Wenn früher der Auszubildende von seiner Firma übernommen wurde, war der weitere Weg gezeichnet. Die Eintrittskarte zum Leben in Sicherheit war gelöst. Wird der Auszubildende heute übernommen, geht es für ihn erst richtig los. Ein Weg der Ungewissheit beginnt. Er hat mehr Lohn in der linken Tasche, aber die lebenslange Jobgarantie hat man ihm aus der rechten Tasche rausgezogen. Eine Firma wie Microsoft sei weniger stabil als die Stahlkonzerne des vorigen Jahrhunderts, sagt selbst Microsoft-Gründer Bill Gates. Das Wachstum einer Technologiefirma nennt er »eine unordentliche Angelegenheit«.

Auch Hochschulausbildung schützt nicht mehr vor Arbeitslosigkeit oder schlechter Bezahlung. Allein mit den akademisch gebildeten Taxifahrern in Berlin ließe sich ein Forschungszentrum der Max-Planck-Gesellschaft bestücken. Andererseits sagt auch ein erfolgreicher Berufsstart nicht viel darüber aus, wie es weitergeht.

Selbst Unternehmer sind zuweilen arme Teufel, die sich eine Krankenversicherung nicht leisten können. Viele meinen, das gibt es nur in Amerika, aber das stimmt nicht: Rund 200 000 Menschen in Deutschland besitzen keine Krankenversicherung, fast alle sind Selbstständige. Bei der letzten Bundestagswahl haben zehn Prozent der Arbeitslosen die FDP gewählt, und nur wer die Geschwindigkeit nicht kennt, in der sich heutzutage Auf- und Abstiege ereignen, konnte überrascht sein.

Wo früher der Unternehmer auftrat – stolz und patriarchalisch, wenn wir an die Gründergeneration von Reinhard Mohn, Max Grundig und Robert Bosch denken –, begegnet der Belegschaft heute ein buntes Völkchen von Freiberuflern, Subunternehmern, Fondsmanagern, Interims-Managern und Vorstandsmitgliedern. Die Belegschaft ihrerseits zerteilt sich in fest angestellte Arbeiter, Leiharbeiter, Teilzeitarbeiter, Gelegenheitsarbeiter, Handlanger und Boten, aber eben auch in Wissens-, Kreativ- und Geistesarbeiter.

Dem einheitlichen Industriekapitalismus folgt ein Wirtschaftsföderalismus, der sich aus ökonomischen Groß- und Kleinststaaten zusammensetzt, innerhalb derer ein Mehrklassensystem von Beschäftigten anzutreffen ist. Die Experten von McKinsey sprechen vom Zwiebelprinzip.

Im Innersten der Zwiebel befindet sich die stark verkleinerte Stammbelegschaft, dahinter kommt die Schicht der befristet Beschäftigten, und in der äußeren Schale finden sich Leiharbeiter und Zulieferfirmen. Das Zwiebelprinzip kommt dem Kundenwunsch nach niedrigen Preisen und hoher Flexibilität sehr entgegen. Den Beschäftigten aber, die von Schälung bedroht sind, tränen die Augen. Selbst die Stammbelegschaft, die unverändert zu den Bedingungen der alten Ordnung arbeitet, ist aufgewühlt. Mit jeder Flaute rückt das Schälmesser dichter auch an ihren Arbeitsplatz heran.

Nun könnte man diese zerfallende Industriegesellschaft als neue Normalität bezeichnen, wenn nicht dieses Neue derart flüchtig wäre, dass es jeden Tag sein Aussehen verändert. Der Einzelne kann sich seines Status in der Arbeitswelt nicht sicher sein, weil auch die Firma selbst sich ihrer Existenz nicht mehr sicher ist. Der Friedhof der Traditionsunternehmen ist gut gefüllt, dort liegen die Mammuts einer untergegangenen Epoche. Der Chemieriese Hoechst ist verstorben, AEG und Grundig auch, das Lebenswerk der Gebrüder Mannesmann wurde zerstückelt, Schering ging in der Bayer AG auf, das Bankhaus Sal. Oppenheim –

oder was davon übrig blieb – hat sich die Deutsche Bank einverleibt. Nun kämpft auch Deutschlands Bauriese, die Hochtief AG, ums Überleben.

In immer kürzeren Zyklen machen Firmen von sich reden, die morgen schon wieder keiner kennt. Palm Pilot hieß gestern das Kultgerät der Computergeneration, heute ist die Firma in Konkurs. Nokia war der Fixstern im Universum der mobilen Telefonie, heute droht das Unternehmen zu verglühen. AOL war die Internet-Ikone, bevor die Kunden sie zum Teufel jagten. Auch die deutschen Aufsteiger der New Economy wie Pixelpark und Intershop sind nur noch Schatten ihrer selbst. Die Belegschaften schauen dem Kapitalismus bei seiner Häutung zu – und frösteln.

13

Der Kunde. Die Geschichte einer Enthemmung

Ein wichtiger Mitverantwortlicher für die neue Unsicherheit sitzt nicht vor oder neben uns, sondern in uns. Das, was wir als neuzeitliche Entfesselung des Kapitalismus erleben, ist vor allem das Werk des Kunden. Sein Vater war der Stammkunde, aber der liegt seit Längerem schon im Sterben. Die Söhne und Töchter, die sich Smart Shopper nennen, sind aus anderem, härterem Holz geschnitzt: Sie kommen und gehen und essen und trinken und lesen und schauen und hören und kaufen, wie es ihnen gefällt.

Sie folgen keinem anderen Impuls als dem der schnellen Bedürfnisbefriedigung, wobei seit jeher darüber gestritten wird, ob dieser Impuls nun als armselig oder als progressiv zu gelten hat. John Stuart Mill geißelte die »Sucht nach Wachstum«, so wie Papst Benedikt XVI. die »Gier nach Glück«. Der Sozialist und Literaturnobelpreisträger Anatole France dagegen definierte den schnellen Wechsel von Konsum- und Lebensstilen als Erkennungszeichen des Fortschritts: »Wenn wir uns nicht verändern, dann wachsen wir nicht. Wenn wir nicht wachsen, hören wir auf zu leben.«

Für die Firmen ist der sich selbst beschleunigende Kunde nur noch ein Lebensabschnittsgefährte, den sie mit Bonuskarten und Vielfliegermeilen vergeblich zur Treue zu erziehen versuchen. Nie zuvor hat eine Generation von Käufern ihre Vorlieben und Launen so schnell und so hemmungslos befriedigt, um sich bereits im nächsten Moment abzuwenden, weil sie an sich neue Launen und Vorlieben entdeckt, die anderswo vermeintlich besser befriedigt werden können. Der neue Kunde ist so bindungslos wie die Gesellschaft, die er dadurch erzeugt. Der frühere Sponti-Spruch »Ich will alles, und zwar sofort« ist Wirklichkeit geworden.

War früher die Wiederholung der Wiederholung das Wesen der Industriearbeit, wie wir vorhin festgestellt haben, so sind die heutigen Hersteller zur Abweichung von der Abweichung gezwungen. Aus der Welt der Gleichförmigkeit ist eine Welt der Ungleichzeitigkeit geworden. An die Stelle des Standardprodukts tritt seine Variation.

Es stört den Kunden nicht im Mindesten, dass er den Wettbewerb, den er entfacht, wenig später an seinem Arbeitsplatz als mörderisch erleben wird.

Sobald der Kunde einen Laden betritt oder im Internet das Portal einer der dortigen Verkaufsstellen aufsucht, kommen die Triebe in ihm zum Vorschein. Es geht jetzt nicht mehr um Weltenrettung, Gerechtigkeitsfragen oder Mitgefühl. Mit dem Instinkt des Tieres sucht er seinen Vorteil. So wie der Hai das Blut, riecht der Kunde den Rabatt.

So gern wir die Kunden – also uns selber – vorteilhafter beleuchten würden, es geht beim besten Willen nicht. Wir sollten ihm und uns illusionslos in die Augen schauen. In ihm, in uns, ist diese verschlagene Sehnsucht, der Zeitgeist möge durchs ganze Haus spuken, nur das eigene Büro soll er gefälligst verschonen. Der Kunde wünscht das nicht nur, er glaubt das auch. Er ist ein frivoles Bürschchen. Die Wirklichkeit zeigt sich in ihm von ihrer widersprüchlichen Seite.

Die Beziehung zwischen Warenproduzent und Kunde hat sich durch dieses Aufbegehren gründlich verändert. Der Kunde fragt nicht mehr nach, er verlangt. Der Produzent bietet nicht an, er hat vorzulegen. Der moderne Kunde ist nicht nur mündig, er ist aufmüpfig. Er will heute nicht das Auto haben, er will *sein* Auto haben. Er konsumiert Medien nicht nur, er will als Blogger, Leserreporter und TV-Superstar selbst Medium sein. Als Kunde im politischen Geschäft möchte er Parteiprogramme nicht nur unterstützen, sondern sie entwerfen. Er akzeptiert das Planfeststellungsverfahren für den neuen Bahnhof nur so lange, bis er es nicht mehr akzeptiert. Er überlässt dem Staat das erste, aber nicht mehr das letzte Wort. Wenn es anders läuft, wird er wütend.

Das Individuum der Feudalzeit kehrt in neuer Gestalt zurück. Es sieht nicht mehr aus wie der selbstbewusste Bauer auf seiner Scholle. Es sieht aus wie Sie und ich, steht in Jeans, Anzug oder Kleid vor uns und verlangt nach Gleichberechtigung, Mitsprache, Souveränitätsgewinn, es tut das in trotziger Selbstverständlichkeit, die sich keine Rechenschaft ablegt über den wahrhaft revolutionären Charakter des eigenen Tuns.

Die Unternehmen versuchen es diesem sperrigen Kunden recht zu machen. An die Stelle von Stammwerk und Verwaltungsgebäude, die seit Beginn des Industriezeitalters auch architektonisch das Erscheinungsbild der Wirtschaft prägten, setzen sie weltweite Produktionsverbünde mit Netzwerkcharakter. Alles muss funktionieren, das war früher auch so. Genauso wichtig aber ist heute, dass der Funktionskreislauf jederzeit wieder beendet werden kann. Weil der Kunde sich nicht festlegt, was er morgen konsumiert, wollen die Fabrikanten sich auch nicht mehr festlegen, was sie morgen produzieren. Heute lassen sich ganze Fabriken auf- und zuklappen wie eine Umzugskiste. Früher buchten die Werbeagenturen ein Jahr im Voraus die Anzeigenplätze in den Zeitungen und Magazinen. Heute wissen die Werber oft wenige Tage vorher nicht, womit ihr Kunde in welcher Zeitung zu werben gedenkt.

Das moderne Bankensystem leistete dem entfesselten Kunden gute Dienste. Die einzige Knappheit, die ihn in früherer Zeit bekümmern konnte, die Knappheit der Kaufkraft, hat er mit seiner Hilfe überwunden. Wenn die eigenen Mittel erschöpft sind, wird die Bank angezapft. Stand der Einzelne den Geldinstituten früher als Bittsteller gegenüber, trifft er heute auf ein breites Angebot an Geldversorgern, die bereit sind, ihn jederzeit in Euro-Noten zu baden. Der Eigenheimbau ist ohne Anzahlung möglich. Das Automobil wird gegen monatliche Ratenzahlung vorgefahren. Die Möbelhäuser liefern Doppelsitzersofa und Buchregal frei Haus, ohne dafür Bargeld zu verlangen. Den Kundenkredit, für den ein Zinssatz von null Prozent angeboten wird, bekommt man nicht mehr bewilligt, sondern aufgenötigt.

Die Geldhäuser haben ganze Arbeit geleistet, wie man den Verschuldungsstatistiken entnehmen kann: War 1960 jeder deutsche Haushalt erst mit 17 Prozent seines Haushaltseinkommens verschuldet, sind es 2010 schon 65 Prozent. In den USA, dem ursprünglichen Siedlungsraum des enthemmten Kunden, wurde diese Marke bereits vor Jahrzehnten übertroffen. Mittlerweile lastet auf dem amerikanischen Durchschnittshaushalt eine Schuld in Höhe von 117 Prozent seines Haushaltseinkommens. Von den 75 Millionen Eigenheimen ist nur ein knappes Drittel schuldenfrei. Das geht gut, bis es schiefgeht.

14

Unser Lieblingsfeind, der Controller

Der Mensch braucht Freunde, heißt es oft. Aber mit gleicher Dringlichkeit braucht er auch Feinde. Da der Kunde für seine Sehnsucht nach Dauertiefstpreisen schlecht sich selbst hassen kann, braucht er andere dafür.

Der Lieblingsfeind unserer Zeit ist der Controller, genauer gesagt: alle Controller. Das ist jene Gruppe von Nervensägen, die in unseren Firmen wütet wie die Wintergrippe in den Schulen. Man wird sie einfach nicht los. Der Virus springt von einem zum anderen, bis jedem die Nase tropft. Die Herrschaft der Kunden hat für den Controller ein Klima geschaffen, in dem er prächtig gedeiht.

Die Wintergrippe hat noch den Vorteil, dass sie mit Schnee und Eis wieder verschwindet. Der Controller aber bleibt ewig. In Zeiten sinkender Gewinne und schrumpfender Umsätze vermehrt er sich sogar. »In Gütersloh sitzt ein Controller auf jedem Baum«, schimpfte einst RTL-Chef Helmut Thoma. In Gütersloh befindet sich die Zentrale des RTL-Eigentümers Bertelsmann. Gütersloh ist heute überall.

Diese Spezies hat in der Regel keine eigene Idee, wie das Leben lebenswerter und die Firma besser wird, aber sie weiß, wie man alles billiger macht. Auf Schritt und Tritt fahndet der Controller nach Effizienzreserven, Einsparpotenzialen und Synergieeffekten, auch im eigenen Leben. Der Finanzchef von Tengelmann erzählte kürzlich in einer Abendrunde, dass er Joghurts und Frischkäse auch vier Wochen nach Ablauf des Verfallsdatums noch verspeist. Seine Familie fände es eklig, er fand es effizient. Beide haben wahrscheinlich recht.

So geht es mittlerweile in allen Firmen zu. Die Controller fahnden nach Effizienzreserven wie das Piemonter Trüffelschwein nach den Alba-Trüffeln. Kaum hatte der französische Ölkonzern Elf Aquitaine die ostdeutsche »Minol« übernommen, fielen die konzerneigenen Controller über die Tankstellen des Unternehmens her. Zuerst wurden die ausladenden Dächer über den Tankstellen zusammengeschrumpft. Danach die Schläuche zum Betanken gekürzt. Als die ersten dieser optimierten Tankstellen in Betrieb gingen, fiel auf, dass die Kunden plötzlich unterm zu kurzen Dach im Regen standen. Auch die kurzen Schläuche scheiterten im

Wirklichkeitstest. Die meisten Autofahrer fahren nun mal nicht so passgenau vor, wie es die Controller mit ihren Computerprogrammen errechnet hatten. Viele Autofahrer wissen nicht mal, wo der Tankdeckel sitzt. Es kam zu erhöhtem Rangierverkehr und zu Unfällen. Am Ende mussten die Schläuche und die Dächer wieder verlängert werden. In diesem Fall gab es ein Happy End: Die neue Normalität sah aus wie die alte.

Für mich begann die neue Zeit mit einem Anruf des *Spiegel*-Personalchefs, der zugleich als oberster Controller eingesetzt wird. Ich arbeitete zu dieser Zeit im Berliner *Spiegel*-Büro. Der Mann aus Hamburg hatte vor allem eine Frage: Ist uns Professor Baring wirklich 80 Euro wert?

Ich gestehe, über diese Frage hatte ich noch nie nachgedacht. Einige Tage zuvor war ich mit Arnulf Baring zum Abendessen verabredet gewesen. Wir hatten Rotwein getrunken. Der hatte wohl um die 80 Euro gekostet. Es war ein guter Tropfen, und er war diesen Preis mit Sicherheit auch wert. Aber war Baring die Flasche wert?

Ich hatte über Menschen so noch nicht nachgedacht. Baring ist ein allseits respektiertes Mitglied der Berliner Gesellschaft, ein erfolgreicher Buchautor, klug, streitlustig und in den Kreisen der regierenden Konservativen wohlgelitten. Aber war er 80 Euro wert?

Während ich nachdachte, wurde der Controller deutlicher: Baring ist alt geworden. Ist er wirklich noch wichtig für uns?

Ich war verwirrt. Was meinte er mit »uns«? Für mich galten Controller bis dahin nicht als Teil der Familie. Der *Spiegel* war für mich eine verschworene Gemeinschaft aus Schreibern, Ressortleitern, Dokumentaren und Assistentinnen, die alle mithalfen, jede Woche das bestmögliche Nachrichtenmagazin herzustellen. Die Controller gehörten für mich nicht dazu. Ich bin sicher, Rudolf Augstein wusste gar nicht, dass wir solche Leute beschäftigten.

Also gab ich dem Anrufer meine ehrliche Antwort: Das Abendessen mit Professor Baring sei wunderbar gewesen. Der Mann sprühe nur so vor Ideen und interessanten Beobachtungen. So gesehen sei der Wein sogar billig gewesen: »Und bitte denken Sie dran, dass wir Ihre Kostenaufstellungen und Planabweichungstabellen nicht drucken können. Wenn wir sie drucken würden, würde sie keiner lesen, nicht mal Ihre Frau«, sagte ich ihm. In die Stille am anderen Ende der Leitung hinein fügte ich noch hinzu: »Lassen Sie uns mit dieser Art Denken aufhören.«

Mein Gespräch war erfolglos, wie wir alle wissen. Zwar blieben mir weitere Anrufe dieser Art erspart, aber diese Art zu denken hat nicht aufgehört, sondern hat damals gerade erst angefangen. Die Controller sind in vielen Firmen heute mächtiger denn je. Sie machen das Toilettenpapier dünner, den Schokoriegel kürzer, und bei der Lufthansa schieben sie die Sitzreihen ineinander, bis auch Kleinwüchsige mit ihren Knien den Vordersitz berühren.

Das seien die Auswüchse des Marktradikalismus, behaupten die Linken. Das mag sogar stimmen. Aber der vorwurfsvolle Ton ist unangebracht. So sollten wir nicht über uns reden. Den Markt für zu dünnes Toilettenpapier, gekürzte Schokoriegel und beengtes Sitzen im Flugzeug haben die Kunden selbst geschaffen. Der Controller war nur ihr williger Helfer. Es gibt kein marktradikaleres Wesen als uns selbst.

15

Die neue Eisenbahn heißt Internet

Die neue Technik spielt dem entfesselten Kunden aufs Schönste in die Hände. Ohne die digitale Datenübertragung könnte er seine Wünsche nicht bis in die afrikanischen Rohstofflager, die chinesischen Fabrikstädte und die Containerhäfen von Hongkong und Rotterdam durchstellen. Erst die neue Kommunikationstechnologie hat ihm seine historisch einmalige Machtposition verschafft.

Seinen Freiheitsdrang und seinen Wankelmut, seine angeborene Lust am Neuen besaß er schon vorher. Jetzt kann er all das unbehelligt ausleben. Die bis zu 30 Zentimeter dicken Kabel unterm Ozean, die Geschwader der am Himmelszelt installierten Satelliten und das Frequenznetz der Mobilfunkbetreiber, das in der Luft liegt wie ein Gitternetz, sind seine Herrschaftsinstrumente. Mit ihnen belohnt, bestraft und beerdigt er die Firmen.

Das Internet wird häufig mit der vor 560 Jahren

von Johannes Gutenberg erfundenen Drucktechnik verglichen. Was der Klosterschüler da erfunden hatte, bedeutete den Beginn der massenhaften Kommunikation. Erstmals konnten Menschen ihre Erzählungen, das Erfundene wie das Beobachtete, aufschreiben und vervielfältigen. Aus der Gesellschaft der Einzelnen war eine Gesellschaft im Austausch geworden, wobei dieser Austausch seither über Jahrhunderte hinweg gepflegt werden kann.

Das Internet reicht allerdings noch über die Bedeutung der Gutenberg-Presse hinaus. Vergleichen bedeutet nicht gleichsetzen, aber wenn wir schon die Bedeutung des Internets vergleichen wollen, dann mit dem Eisenbahnbau zu Beginn des 19. Jahrhunderts. Das Verlegen von Schienen hat nicht nur die Industrialisierung befördert, sondern auch die Bildung einer geeinten deutschen Nation herbeigeführt. Beide, der Nationalismus wie der Industrialismus, waren vorher schon im Schwange, aber erst der Schienenbau gab diesen Umwälzungen Kraft und Richtung, wirkte wie eine riesige Presswehe, sodass am Ende das Deutsche Reich und das Industriezeitalter als Zwillinge das Licht der Welt erblickten.

Ohne den Eisenbahnbau, der in Deutschland im Dezember 1835 mit der ersten Strecke von Fürth nach Nürnberg seinen offiziellen Start feierte, hätte der Industriekapitalismus, der nach Rohstoffen hungerte und für den Abtransport seiner Waren ein verlässliches Transportnetz brauchte, niemals den Durchbruch geschafft. Erst durch die Verlegung der Schienen wurde aus den unterschiedlichen industriellen Erfindungen der damaligen Zeit eine Revolution, die sich die industrielle nannte. Was nutzte die Dampfmaschine, wenn Kohle und Stahl mit Eselskarren und Pferdekutschen zu ihr geschafft werden mussten? Wie sollte die Textilmaschine jemals rentabel arbeiten, wenn der Weg der Ware zur Kundschaft durch unwegsames und teils unerschlossenes Gelände führte?

Der Eisenbahnbau schaffte die Initialzündung für die Durchsetzung eines Produktionsregimes, das all die neuen Dampfmaschinen, Stahlschmelzen und Textilmaschinen wie zu einer übergroßen Perlenkette miteinander verband, sodass aus ihnen ein geschlossener Kreislauf der Wertschöpfung wurde. Aus den sechs Kilometern Bahnstrecke des Jahres 1835 waren zehn Jahre später 2300 Kilometer geworden, 1870 standen schon knapp 20 000 Kilometer Gleise zur Verfügung, 1913 erreichte das Netz mit 63 000 Kilometern seine vorerst größte Ausdehnung. Ohne die quer durch Deutschland dampfenden Züge wäre wohl niemand auf die Idee gekommen, die fünf Zeitzonen des Staatsgebiets zu einer für alle Deutschen gültigen Einheitszeit zusammenzufassen. »Für den inneren Betrieb der Eisenbahnen«, so der damalige Alterspräsident des Reichstags Graf von Moltke vor dem Parlament, »ist eine Einheitszeit ganz unentbehrlich«. Die verschiedenen Zeitzonen seien »eine Ruine, stehen geblieben aus der Zeit der deutschen Zersplitterung«. Die Bahn half mit, diese Ruine zu sprengen.

Das Internet – das Wort ist die Abkürzung für Interconnected Networks – spielt heute eine vergleichbare Rolle im Alltagsleben der westlichen Nationen. Es sprengt eine Ruine nach der anderen und schreckt auch vor der Sprengung unserer eigenen Existenz, wie sie bisher war, nicht zurück. Es beschleunigt, was eben noch gemächlich war, es flexibilisiert, was eben noch starr schien, es ermächtigt auch jene, die eben noch machtlos waren. Das Internet ist der große Zerstörer der vielen kleinen Magneten des Alltags, weil es alles, was in seine Nähe gerät, verändert, verformt, löscht. Es verbindet und isoliert Menschen, es belehrt und verblödet, es bringt Beschleunigung und frisst Besinnungszeit. Es nimmt die großen Errungenschaften der Zivilisation, das Lesen zum Beispiel, und zerkleinert sie in Fragmente und Fetzen. Das Internet stiftet Zusatznutzen und verwirrt. »Der Nutzen als Navigationsinstrument ist von der Konfusion, die es erzeugt, leider nicht zu trennen«, sagt Nicholas Carr.

Es gibt keinen Lebens- und Arbeitsbereich, von der Sexualität über die Kommunikation bis hin zum Produktionsprozess der Fabriken, der von dieser Basisinnovation unberührt bliebe. Ja selbst unser Gehirn, genauer gesagt die dort sich befindenden Neuronen, mit deren Hilfe Wissen verarbeitet wird, verändern sich unter dem Einfluss des neuen Denk-Spiel-Such-Lese-Filmguck-Zeittotschlag-Mediums, wie die von Frank Schirrmacher angezettelte Debatte ergab. Die Internet-Revolution hat die Abreise aus der bisherigen Normalität nicht ausgelöst, aber sie hat sie enorm beschleunigt.

Wie einst die Eisenbahn die Produktionsorte miteinander verband, sind heute alle Internetnutzer Teil einer globalen Wertschöpfungskette geworden, bei der die einzelnen Stationen der Produktion – vom Design über den Vertrieb – nun auch vom heimischen Computer aus erbracht werden können. Wie früher die Aktiengesellschaften und Banken entstanden, entsteht vor unseren Augen ein neues Weltunternehmertum. Bei nur geringem Einstiegskapital kann von jedermann ein globales Netz von Zulieferern und Kunden aufgebaut werden. Die Internet-Ökonomie, bestehend aus Hard- und Softwarefirmen, aus E-Commerce-Anbietern, Suchmaschinen und Kommunikationsplattformen aller Art, setzte 2010 knapp 7000 Milliarden Euro um, was rund der dreifachen Größe der deutschen Wirtschaftsleistung entspricht. Es wird wohl nicht mehr lange dauern, bis die heutige Schlüsselindustrie, der Automobilbau, in Größe und Ertragskraft überboten werden wird.

Der Bürger und Kunde ist in dieser neuen Konfiguration nicht mehr nur stiller Abnehmer von Waren und politischen Programmen. Er kann ein Produkt auch lautstark boykottieren. Dave Carroll hat es vorgemacht. Der kanadische Country-Musiker wollte am 31. März des Jahres 2008 mit seiner Band von Halifax nach Chicago fliegen. Das tat er auch. Seine handgefertigte Gitarre nahm Schaden während des Transports. Weil die Fluggesellschaft United Airlines keinerlei Einsicht zeigte, den Schadenersatz genauso verweigerte wie eine Entschuldigung, verfasste Carroll einen Protestsong. Das Lied »United Breaks Guitars« wurde bisher von knapp zehn Millionen Menschen gespielt, es gilt als »Internet-Sensation 2010« und hat den schon vorher angekratzten Ruf von United Airlines in den USA ruiniert. »Ein Albtraum für alle Fluggesellschaften«, sagt der Marketingchef von Lufthansa.

Mit der gleichen Kraft können die Netze, oder besser gesagt die in ihnen versammelten Menschen, Produkte zum Kauf und Kandidaten zur Wahl empfehlen. Aus Herstellern von Nischenprodukten macht das Netz Großanbieter, so wie es Massenhersteller in ihrer Marktmacht begrenzen kann.

Das globale Internet schafft eine Welt, deren Kennzeichen Dynamik, Veränderung, aber auch Schemenhaftigkeit sind. Wenn da eine neue Normalität entsteht, dann können wir sie erst in Umrissen erkennen.

16

Hier spricht Mimmi!

Wer einen Blick in die nähere Zukunft werfen will, sollte Telekom-Chef René Obermann in sein Zukunftslabor folgen, das er sich im obersten Stockwerk der Bonner Konzernzentrale eingerichtet hat. Dort sieht es aus wie in einem New Yorker Designerhotel. Man wandert von einer weißen Sitzecke zur nächsten weißen Sitzecke, und bei jeder Station begegnet einem eine technische Raffinesse, die so unerhört anmutet, dass man schon ahnt, dass sie morgen alltäglich sein wird. Man greift in dieser neuen Welt nicht mehr zu Zeitung, Buch oder Fernbedienung. Denn alles ist immer schon da. Auf dem Kühlschrank erscheinen die Nachrichten des Tages, auf dem weißen Ledersofa wird das CD-Cover eingeblendet, passend zur Lounge-Musik, die im Hintergrund spielt.

Das Computerbild erscheint nicht auf dem Computer, sondern an der Wand, und man bewegt die

Seiten nicht per Mausklick oder Berührung, son-
dern durch Handbewegungen in der Luft. Wie ein
Dirigent ohne Orchester steht der diensthabende
Zukunfts-Vorführer da. Ein Sensor registriert seine
Bewegungen.

Im Auto der Zukunft, das in Obermanns Zukunftslabor ebenfalls wartet, spricht man nicht
mehr mit seinem Beifahrer, sondern mit »Mimmi«,
der Roboterstimme, die bei Nennung ihres Namens
gut gelaunt fragt: Wie kann ich dir helfen?

Mimmi liest die Börsenkurse vor oder elektro-
nisch eingegangene Briefe. Sie nimmt Diktate auf
und kann auch die Entfernung zum nächsten Hotel
berechnen. Nur küssen kann man Mimmi nicht,
denn sie sitzt auf einer Wolke. »Cloud Computing«
heißt das Konzept des Zukunftslabors, weil man in
seiner eigenen digitalen Wolke durchs Leben
schwebt, begleitet von der eigenen Musik, den eigenen E-Mails, den eigenen Ordnern und Dateien.

Wenn da nur nicht dieser Minderwertigkeits-
komplex in uns keimte. Alles ist neu und modern;
nur man selber leider nicht. Wir haben noch immer
die alten Launen und allerlei andere Dysfunktiona-
litäten. Unsere Benutzeroberfläche ist rau, unsere
Schnittstellen mit denen der anderen oft nicht kom-
patibel; alles ist selbsterklärend, nur wir nicht,
weshalb uns am Ende der Führung durch Obermanns Zukunftslabor das Gefühl beschleicht, wir

seien nicht die Herren, sondern die Störenfriede der neuen Welt.

Bei der Firma Bosch in Stuttgart denkt man daher auch schon über uns Einfaltspinsel hinaus. Der Vorstand träumt von einem »Internet der Dinge«, in dem nicht wir über das Internet miteinander kommunizieren, sondern die Dinge mit sich selbst sprechen. Jedes einzelne Paket, das sich auf einem der weltweit 5300 Containerschiffe befindet, spricht mit den anderen Zulieferteilen, über das »Internet der Dinge« ist man verbunden. Man ruft sich einander zu, wo man gerade schwimmt und wann mit dem eigenen Eintreffen zu rechnen sei. Die Rohstoffe sprechen mit den Zulieferteilen, die Vorprodukte mit den Halbfertigprodukten, sodass die ganze Lieferkette von der Fabrik bis zu unserem Kühlschrank miteinander kommuniziert. Bis zu 50 Milliarden Produkte mit eingebautem Mikrochip, sagt Bosch-Vorstandschef Franz Fehrenbach, könnten so miteinander sprechen. Wir selbst brauchen dann nur noch zu konsumieren.

17

Ewiger Krieg und kein bisschen Frieden

Das Ende der außenpolitischen Normalität ist am 11. September 2001 sichtbar geworden. Auch früher gab es immer mal wieder Krieg, aber Staaten kämpften gegen Staaten und nicht gegen Höhlenmenschen, die ihre Frauen verschleiern und sich selbst in die Luft sprengen. So bestialisch die Kriege aus dem Geschichtsbuch auch waren: In gewisser Weise herrschte Ordnung. Es gab einen Tag, an dem der Krieg ausbrach. Und es gab einen Tag, an dem die Kapitulationsurkunde unterzeichnet wurde. Damit war der Spuk vorbei. Es herrschte wieder Frieden, bis zum nächsten Kanonendonner.

In Europa hatte man sich schon fast an die Abfolge von Krieg und Frieden, aufkeimender Unruhe, brutalem Losschlagen und neuerlicher Blüte von Warenaustausch und Kulturleben gewöhnt. Krieg und Frieden wechselten einander ab, aber sie kamen nie Arm in Arm auf die Bühne marschiert.

Heute dagegen herrscht Krieg mitten im Frieden, und der Krieg sieht so friedlich aus. Die Bomben kommen nicht mehr mit dem Luftwaffen-Geschwader, sondern baumeln am Hosenbund eines Halbwüchsigen. Es gibt keinen Fliegeralarm, keinen Einmarsch feindlicher Heere; die U-Bahn in London flog ohne jede Vorwarnung in die Luft.

Ein Krieg ohne Anfang und Ende, der »Forever War«, wie Kriegsreporter und US-Bestsellerautor Dexter Filkins die Auseinandersetzung mit den islamistischen Terroristen nennt, lag außerhalb unserer Vorstellungskraft. Kein Geschichtslehrer hat je davon erzählt. Der ewige, der permanente Krieg macht die Menschen traurig, wie die anderen Kriege auch. Aber er macht sie vor allem ratlos. Denn jeder weiß mindestens zwei Dinge über diesen Krieg: Er ist nicht zu gewinnen, und er darf trotzdem nicht verloren werden.

Der Westen steht hilflos da, mit seinen großen Heeren, den Kampffliegern und Panzerbrigaden. 3,6 Millionen Soldaten hat die NATO unter Waffen, 1,3 Millionen davon stammen aus den USA, 1,7 Millionen aus Europa, 511 000 aus der Türkei. Und dann kommen fünf junge Männer, lernen in Florida das Fliegen von Jumbojets, steigen in Boston in den United-Airlines-Flug 11 nach Los Angeles, übernehmen irgendwo zwischen Boston und New York das Cockpit und steuern die Maschine in die World Trade Towers von New York City. Eine zweite Maschine folgte wenig später. Keine Flugsicherung erkannte ihre Absichten. Kein Abfangjäger kam ihnen in die Quere.

Die USA fielen daraufhin in Afghanistan ein, erklärten in ihrer Verletztheit dem in dieser Angelegenheit unschuldigen Irak den Krieg und sind mittlerweile auch in Pakistan engagiert. Insgesamt hat diese militärische Variante des Nichtverstehens bisher 6000 Milliarden Dollar gekostet, also mehr als das Doppelte dessen, was die deutsche Volkswirtschaft pro Jahr an Waren und Dienstleistungen ausstößt.

Doch der Gegner denkt nicht daran, zur Normalität des Kriegführens zurückzukehren. Er trägt weder Helm noch weiß er, wie man einen Panzer unfallfrei durchs Gelände bewegt. Er schnallt sich stattdessen morgens einen Bombengürtel um, geht auf den Marktplatz von Bagdad oder Kandahar und sprengt sich und alle Umstehenden in die Luft. Das ist nicht normal, hätten wir früher gesagt. Auch das stimmt heute nicht mehr. 16 000 Bombenanschläge hat es seit jenem 11. September 2001 gegeben mit insgesamt 80 000 Toten.

Wer daraus die Schlussfolgerung zieht, dass die neue Normalität eben darin besteht, Guerillakriege zu führen und unsere traditionelle Armee abzurüsten, unterliegt einem neuerlichen Irrtum. Die neue

Normalität des Krieges hat viele Gesichter. Eines sieht aus wie ein schiitischer Selbstmordattentäter, ein anderes gehört einem iranischen Atomwissenschaftler oder einem nordkoreanischen Luftwaffengeneral. Womöglich sieht sie bald schon aus wie ein chinesischer Militär oder ein in den USA aufgewachsener Muslim, der sich bei McDonald's radikalisiert hat. Die neue Normalität der Kriegsführung besteht darin, dass es keinen Normalfall mehr gibt. Es herrscht permanenter Alarmzustand. Das Böse lauert nun überall, und keiner der großen Kriegstheoretiker hat auch nur ein Kapitelchen dieser Bedrohung gewidmet, die allgegenwärtig und unsichtbar ist.

Entsprechend hilflos stehen die zivilen Führer der westlichen Welt vor der großen Karte. Mehrere Monate war Präsident Obama immer wieder in den abhörsicheren und fensterlosen »Situation Room« des Weißen Hauses abgetaucht, um die Lage zu verstehen und eine Gegenstrategie zu entwickeln. Das Ergebnis war ein Krieg, wie er immer war.

18

Der Weiße Hai

Das größte Rätsel geben uns die zornigen arabischen Männer auf. Wir haben keine Ahnung, was sie dazu treibt, uns derart zu hassen. Wir kennen einander ja kaum. Das Einzige, was wir wissen, ist, dass sie wie Kant vom »ewigen Frieden« träumen, nur dass bei ihrem ewigen Frieden wir nicht mehr dabei sein sollen.

Oft hört man monatelang nichts von ihnen. Dann kommen sie wieder. Es ist wie in dem Hollywood-Film »Der Weiße Hai«. Wir sehen die Gefahr nicht, aber wir spüren, dass sie in der Nähe ist. Erstarrt sitzen wir in unserem Sitz, nur dass wir diesmal nicht im Kinosessel sitzen, sondern im Flugzeug, in der U-Bahn oder an der Bar eines Urlaubshotels.

Die meisten der Toten der vergangenen Terrorjahre waren keine Soldaten, sondern Botschaftsangehörige, Diskothekenbesucher, Hotelgäste in

Bombay, Marktfrauen in Bagdad, Flugzeugpassagiere aller Herren Länder, Bahnfahrer in Madrid und London oder jene New Yorker Büroangestellte, die arglos aus dem Fenster schauten, als eine Boeing 767 auf sie zuraste. Sie alle waren am falschen Tag am falschen Ort. Mehr ist ihnen nicht vorzuwerfen.

Unsere Lehrer haben uns Toleranz gelehrt, und die Pfarrer mahnen uns zur Nächstenliebe. Aber das Leben erteilt uns derzeit eine andere Lektion. Der Nächste wirkt bedrohlich; falsch verstandene Toleranz kann in diesen Zeiten tödlich sein. Das Ticken ist die Bombe. Es gibt nichts Harmloses mehr.

»Der Islam ist uns willkommen«, sagt der deutsche Innenminister Thomas de Maizière. »Der Islam ist nicht Teil des Problems«, sagte auch der amerikanische Präsident Barack Obama in seiner Rede an der Kairoer Universität. Wir können nur hoffen, dass die beiden recht haben. Aber wir haben gelernt, unseren Hoffnungen zu misstrauen. Henry Kissinger, der Altmeister der Außenpolitik, bestärkt uns darin, die Politiker in das Misstrauen einzubeziehen. »Früher fragten mich Politiker: ›Henry, was soll ich davon halten?‹ Heute fragen sie mich: ›Henry, was soll ich dazu sagen?‹«

So sagen die Politiker stets das Richtige, aber nicht mehr das Wahre. Die Pflichtlüge habe sich eingebürgert, sagt Wolfgang Nowak, der ehemalige Strategieberater von Kanzler Schröder, der heute bei der Alfred-Herrhausen-Gesellschaft die Geschäfte führt.

Nicht nur die Sicht der Bürger auf ihre Regierung hat sich verändert. Die westlichen Regierungen schauen seit den Terroranschlägen auch anders auf ihre Bürger. Man könnte sagen, sie schauen besorgter und ängstlicher auf sie. Zugleich allerdings auch misstrauischer und autoritärer.

Die neue Botschaft der USA am Pariser Platz weist mehr Ähnlichkeit mit einem überirdischen Bunker auf. Das Haus tritt seinen Besuchern in geduckter Haltung entgegen. Die Formensprache mit ihren zu Schießscharten verengten Fenstern und einem Zaun, der aus Hunderten von Spießen besteht, kündet von Abwehrbereitschaft, ängstlich und aggressiv zugleich. »Vielleicht ist das auch typisch für unsere Zeit«, schrieb der Architekturkritiker der *FAZ* zur Eröffnung, »dass der öffentliche Raum, der einmal als Versprechen erschien, als Bedrohung wahrgenommen wird. Die oder der Fremde, einst Projektionsfläche der allerschönsten Phantasien, könnte Terrorist sein, Aids haben oder die Vogelgrippe mitbringen.«

Wer mit der Regierung nicht übereinstimmt, ist ihr suspekt. Der Geist der »Vorbeugung« mache jeden Bürger zum Verdächtigen, sagt Gerhard

Baum. Nie zuvor wurden so viele Menschen telefonisch überwacht wie in den letzten Jahren. An den Flughäfen leuchtet man uns mittlerweile bis in die Unterhose.

Es gibt keine größere Gottheit als das Volk, hat einst Alexis de Tocqueville über die Demokratie geschrieben. Aber auch das stimmt nicht mehr. Der Staat hat seine Bürger verzwergt. Wir sind kein Volk von Untertanen, aber ein Volk von Verdächtigen sind wir allemal. Aus der Spaßgesellschaft ist die Sicherheitsgesellschaft geworden. Wir wehren uns nicht dagegen. Wir trauen uns ja selbst nicht mehr.

19

Der Westen triumphiert, aber nur kurz

Das Ende der außenpolitischen Normalität ist am 11. September 2001 sichtbar geworden, haben wir eben gesagt. Begonnen aber hatte es zehn Jahre zuvor. Mit dem Ableben der Sowjetunion und dem Ende der Blockkonfrontation war die Nachkriegsnormalität beendet. Eine neue Normalität hat sich seither nie mehr eingestellt.

Der Aufstieg Indiens und Chinas, das Wiedererstarken Russlands, die Volksaufstände in Tunesien und Ägypten, das neue Selbstbewusstsein Lateinamerikas und ein sich selbst radikalisierender Islam haben eine Situation geschaffen, die man im Wortsinne gar nicht Situation nennen darf, weil sie durch ständige Veränderung gekennzeichnet ist. Der neue Status quo besteht darin, dass es keinen Status quo mehr gibt. Das Erkennungszeichen der heutigen Welt ist, dass sie wie der Zappelphilipp im Märchen vom Struwwelpeter ständig in Bewegung ist.

An die Stelle des einen Ost-West-Großkonflikts, der sich alle anderen Konflikte untertan machte, ist eine Vielzahl von Konfliktlagen getreten, die sich überlagern, verstärken und zum Teil auch neutralisieren. Die Welt hat mit dem Ende der ein halbes Jahrhundert währenden Blockkonfrontation ihren alten Schrecken verloren, aber viele neue Schrecklichkeiten sind hinzugekommen.

Der Großfeind im Osten ging verloren, aber mit ihm auch das bisherige Gravitationszentrum. Beim »Gleichgewicht des Schreckens« dachten immer alle zuerst an den Schrecken, dabei war das Bedeutendere dieser Zeit ihr Gleichgewicht. Sputnik gegen Apollo, Plan gegen Markt, SS-20-Raketen gegen Pershing, Freiheit gegen Gleichheit, Archipel Gulag gegen Woodstock, russischer Wodka gegen Wein aus Bordeaux; die Welt war nicht für alle gleichermaßen schön, aber sie war für alle in der Balance. Beide Partner pflegten trotz der Ungleichheit ihrer Werte und der Verschiedenartigkeit ihrer ökonomischen Systeme eine Gemeinsamkeit: Sie spielten nach denselben Regeln. Gab es Probleme, schrieb man sich eine saftige Protestnote oder stellte ein Ultimatum; gab es ernsthaftere Schwierigkeiten, boykottierte der eine die Olympischen Spiele des anderen, die eigenen Truppen hielt man durch das Führen gelegentlicher Stellvertreterkriege bei Laune, am liebsten in Afrika oder Asien, also weit weg vom heimatlichen Territorium. Atomwaffen hielt man sich, um sie nicht einzusetzen. Man sprach von der »pax atomica«.

Das Ende der bipolaren Normalität ist den USA und ihren Freunden nicht gut bekommen. Seit dem Ableben dieses bequemen, weil verlässlichen Gegners leidet der Westen an Wahrnehmungsstörungen. In der außenpolitischen Debatte der vergangenen 20 Jahre gab es zwei Kardinalirrtümer, die es in ihrer Größe miteinander aufnehmen können. Beide Irrtümer wurden von herausragenden strategischen Denkern begangen, sodass ihre Fehlurteile Eingang in die praktische Politik des Westens fanden.

Die erste Fehleinschätzung hatte ihre Uraufführung direkt nach dem Ende des Kalten Krieges und stammt von Francis Fukuyama, damals stellvertretender Leiter des Planungsstabs im US-Außenministerium. 1992 schrieb er: »Wir sind Zeuge nicht nur des Endes des Kalten Krieges oder des Endes einer bestimmten Periode der Nachkriegsgeschichte, sondern des Endes der Geschichte.« Er glaubte, die Welt hätte ihre »finale Form« erreicht, es gebe nur noch einen Entwicklungspfad für alle, und der sei mit den Worten Marktwirtschaft, Demokratie und Menschenrechte ausgeschildert.

Dem Zeitalter der Gegensätze würde ein Zeitalter der Harmonie folgen, dem Wett- ein Abrüsten, dem Kampf der Ideologien ein weltweiter Liberalismus, dem Wandel der Handel, und damit immer neuer Wandel, sodass es »am Ende der Geschichte keine ideologische Konkurrenz mehr zur liberalen Demokratie gibt«. Es würde langweilig werden auf der Welt, so glaubte Fukuyama, weil der Kampf der Ideen zum Erliegen komme und nun die Lösung nüchterner technischer und ökonomischer Probleme im Vordergrund stehe.

So dachte Anfang der 90er-Jahre auch George Bush, der Vater von George W., dem späteren Weltenbezwinger und Krieg-gegen-den-Terror-Präsidenten. Er sah nach dem unverhofften Ableben des Sowjetreichs »eine neue Weltordnung« entstehen. Den Despoten und Diktatoren habe die Stunde geschlagen, sodass bald alle Menschen »in Harmonie leben können«.

Bush und Fukuyama waren nicht nur beeindruckt, was sich da in Moskau, Ostberlin, Belgrad und all den anderen sowjetischen Satelliten tat. Sie waren geblendet von den Ereignissen. Es musste ihnen scheinen, als seien die Engel vom Himmel gestiegen und im Kreml niedergekommen. Dort sprach ein ehemaliger Apparatschik des Politbüros namens Michail Gorbatschow plötzlich von »neuem Denken« und »universellen Werten«. Im Schlussakkord eines jahrzehntelang währenden Dramas blies er dem kommunistischen Weltreich das letzte, ohnehin nur noch schwach flackernde Lebenslicht aus. Der Sieg traf die Sieger unvorbereitet.

Daraufhin überkam ein rauschhafter Triumphalismus die westliche Welt. Man sei vom Zeitalter der Geopolitik im Zeitalter der Geoökonomie gelandet, glaubte der schottische Historiker Martin Walker im Jahr 1996. Die neuen Männlichkeitssymbole seien nicht mehr Atomsprengköpfe und Mondraketen, sondern Exporte, Produktivität und Wachstumsraten. »Die Europäische Union mit ihrer friedlichen Gremiendemokratie lieferte einen Vorgeschmack auf das internationale Ordnungssystem des 21. Jahrhunderts«, so der Politikwissenschaftler Michael Mandelbaum.

Da nickte man in Paris, Rom und Berlin wohlgefällig. Diese neue Wirklichkeit, wenn auch nur in ihrer erfundenen Variante, war ganz nach dem Geschmack der Europäer; eine Zukunft jenseits der klassischen Machtpolitik, ohne militärischen Theaterdonner, diplomatisches Ränkespiel und den Einsatz ökonomischer Folterinstrumente, das war es, wovon sich auch tagsüber zu träumen lohnte. Das Wort von der »Neuen Normalität« war Anfang der 90er-Jahre in aller Munde.

20

Welt ohne Weltordnung

Der Angriff radikaler Islamisten auf das World Trade Center rund zehn Jahre später beendete die schwärmerische Sicht der Dinge. Fukuyama und seine Freunde galten fortan als Naivlinge, zumal sich kurz vorher in Moskau ein Mann namens Putin auf den Sessel der Macht geschwungen hatte, der von »neuem Denken« so viel hielt wie ein texanisches Weiderind vom Barbecue. George W. Bush erläuterte am 20. September in einer Fernsehansprache erstmals die neue, aggressive US-Strategie: »Unser Krieg gegen den Terror beginnt mit al-Qaida, aber er wird da nicht enden. Dieser Krieg wird nicht eher beendet sein, bevor wir nicht jede einzelne terroristische Gruppe von globaler Bedeutung gefunden, gestoppt und zur Strecke gebracht haben.«

Gegenüber Putins Moskau und einem China, das begonnen hatte, militärische Stärke dazuzukaufen, wurde nun ebenfalls wieder der alte Weltmachtton angeschlagen. Ein neuer Irrtum hatte den bisherigen abgelöst. Man war vom Triumphalismus im Normalismus gelandet. »Die Welt ist wieder normal geworden«, eröffnete Robert Kagan, der zweite strategische Denker mit Denkfehler, seinen Bestseller über die Rückkehr der Geschichte und das Ende der Träume, der 2008 erschien. Kagan ist außenpolitischer Berater der Republikaner und arbeitete im Team des späteren Präsidentschaftskandidaten John McCain. Im Falle seines Wahlsiegs wäre er Nationaler Sicherheitsberater geworden.

Kagan sah die Welt so, wie Präsident Bush junior sie auch sah. Der Nationalstaat als der neue alte Akteur der Weltgeschichte sei zurückgekehrt. Die neuen Mächte, glaubte Kagan, seien in das alte Schema gesprungen. Das aufstrebende China verglich er mit der untergegangenen Sowjetunion, er sah Taiwan als potenzielles Stellvertreter-Schlachtfeld, und die USA, so meinte er, hätten den Verlust der Sowjetunion mittlerweile verschmerzt und seien wieder ganz die Alten:

»Und wie steht es um die Vereinigten Staaten? Hat das Ende des Kalten Krieges die Vereinigten Staaten verändert, ihre Umgangsformen verbessert, ihren Griff nach internationaler Macht gelockert? Zogen sich die USA, als die Sowjetunion und ihr Imperium in sich zusammenfielen, aus ihren ausgedehnten weltweiten Engagements zurück und traten passiver, maßvoller in der Welt auf? Die Antwort auf diese Fragen lautet Nein.«

Dabei wäre die einzig richtige Antwort »ja« gewesen. Die USA tun so, als ob sie die Alten wären, aber sie sind es nicht. Ihre Umgangsformen mögen noch immer vergleichbar rüde sein, aber ihr Zugriff auf die internationale Macht ist nicht mehr von gleicher Festigkeit. Im Irak sind sie abgezogen, in Afghanistan versuchen sie sich zu arrangieren, in Pakistan trauen sie sich einen dritten Frontabschnitt im Kampf gegen den Terror nicht mehr zu. Europa, mittlerweile weitgehend frei von amerikanischen Besatzungstruppen, ist zum widerspenstigen Partner geworden. Das ist ärgerlich für Washington, aber nicht mehr zu ändern. In Moskau lässt man sich schon lange nichts mehr sagen. Man lässt sich nicht mal mehr durch Drohungen beeindrucken. Mögen die Amerikaner auch unverändert auf die Welt schauen, die Welt schaut anders auf Amerika.

Der Zusammenbruch der Sowjetunion bedeutete eben nicht den Siegeszug der USA, so wie der Aufstieg Chinas nicht die Wiederholung der Blockkonfrontation brachte. In Wahrheit erlebten wir in der Weltpolitik nicht die Wiederauferstehung der alten Normalität, sondern ihr Ende. An die Stelle der bipolaren Ordnung ist weltweite Unordnung getreten. Die neue Welt ist nicht nur multipolar, sie ist auch multikulturell. Der bestimmende Faktor sind nicht mehr die Nationalstaaten, sondern die Kulturkreise, die ihr Einflussgebiet im Westen wie in Asien und im Nahen Osten weit über die Grenze nur eines Staates hinaus ausgedehnt haben. Erstmals seit vielen Jahrhunderten erleben wir den Aufstieg von nichtwestlichen Kulturen, der chinesischen, der indischen, der muslimischen.

Der heute bestimmende Faktor der internationalen Politik in dieser multikulturellen Welt ist nicht mehr allein die Truppenstärke oder die Wirtschaftskraft, auch wenn Bush und sein Vize Dick Cheney nichts anderes mehr in ihren Kopf hineinbekamen, sondern der Umgang der Kulturen miteinander. Im Zentrum des Ost-West-Konflikts stand das Wort »Interesse« und daraus abgeleitet der »Interessenausgleich«. Im Zentrum der heutigen Konflikte steht das Wort »Respekt« und daraus abgeleitet der Umgang mit Andersartigkeiten aller Art. Die westlichen Führer müssen sich erstmals wieder mit Religion beschäftigen.

In einer Welt ohne Weltordnung, wie der Historiker Michael Stürmer die Lage charakterisiert, sind die Staaten einander beides, Partner und Rivale, man kooperiert und konkurriert, vertraut und belauert sich. Die Amerikaner nennen das Phänomen ›frenemies‹, eine Zusammensetzung aus ›friends‹

und ›enemies‹. Die Regierungschefs wissen selbst noch nicht, was sie vom jeweils anderen zu halten haben, und tun sich entsprechend schwer, ihre Bedürfnisse zu definieren. Natürlich haben Staaten weiter Interessen, aber welche? Russland arbeitet eng mit China zusammen, auch militärisch – und zugleich misstraut Putin dem großen Nachbarn zutiefst. Amerika bekämpft den radikalen Islam – und sucht die Nähe zur Islamischen Republik Pakistan und neuerdings auch zu den Stammesfürsten der Taliban. Die westliche Staatengemeinschaft ermahnt den Iran, den Bau von Atomwaffen zu unterlassen, aber liefert das dazugehörige Gerät. Japaner und Chinesen verachten einander und treiben blühenden Handel. Der Westen kämpft für die Freiheit – aber auch in Ägypten, wo Amerika-Freund Mubarak herrscht?

Ein Blick auf die Beziehung Amerikas zu China zeigt das neue und – maßgenommen an der Realität der Nachkriegsära – das Unnormale der augenblicklichen Situation. Das beginnt schon damit, dass der Schuldenstaat Amerika mit der Wirtschaftssupermacht gleichen Namens, die wir aus dem Kalten Krieg kennen, nur noch Flagge und Namensschild gemein hat. Die Amerikaner der 70er- und 80er-Jahre waren der größte Exporteur der Welt. Die heutigen USA sind der größte Importeur. Die damaligen USA waren der größte Kreditgeber der Welt, die heutigen USA sind die größten Kreditnehmer. Nur noch mithilfe dieser Kredite – die USA benötigen derzeit rund drei Viertel der jährlichen weltweiten privaten Ersparnisse zur Aufrechterhaltung ihres Konsums – sind die Vereinigten Staaten in der Lage, Wachstumsraten auszuweisen. In Wahrheit ist der produktive Kern des Landes, da, wo echte Wertschöpfung reale Wohlstandszuwächse erwirtschaftet, seit Langem schon im Schrumpfen begriffen.

Dieser Scheinriese hat weder die ökonomische Kraft noch das Selbstvertrauen, einen potenziellen Gegner China anzugreifen oder auch nur totzurüsten. Eher sind die USA dabei, sich selbst totzurüsten. 711 Milliarden Dollar wollen sie im kommenden Jahr für ihr Militärbudget ausgeben. Das entspricht dem Zweifachen des deutschen Gesamthaushaltes. In einem amerikakritischen Blog wurde jüngst gescherzt, im Wahlkampf 2028 dürfte zum ersten Mal ein Präsidentschaftskandidat folgendes Wahlversprechen abgeben: »Unter meiner Regierung werden die USA den Lebensstandard von China erreichen.«

China ist keine zweite Sowjetunion. Das Reich der Mitte verfügt über ein ökonomisches Hinterland, das die UdSSR nie besaß. Die Wirtschaftskapazität Chinas ist bald so groß wie die der USA (ohne Schulden und ohne Zahlungsbilanzdefizit) und schon heute ein Vielfaches größer als die der Sowjetunion zu ihrer Blütezeit. Außerdem verfolgt China keineswegs eine Außen- und Militärpolitik, die sich mit der Sowjetrusslands vergleichen ließe. Das Riesenreich, in dem viermal so viele Menschen wohnen wie in den USA, besitzt Einflusssphären und Interessen, aber offenbar keine Expansionsgelüste. Es ist ein Volk mit Raum. Auch die Freude am Ideologieexport ist hier nicht sehr ausgeprägt, wie man am gemäßigten Auftreten in der ehemals britischen Kronkolonie Hongkong nach deren Rückübertragung beobachten kann. Das neue China ist stark, aber nicht halbstark. Die Politik seiner Führung ist – zumindest im jetzigen Entwicklungsstadium – darauf ausgerichtet, im Innern den Wohlstand und in den äußeren Angelegenheiten den Respekt der Weltgemeinschaft zu mehren. Was morgen ist, weiß keiner. Enzensberger: »Die Futurologie ist die Wissenschaft vom Kaffeesatz.«

Der wichtigste Unterschied zwischen gestern und heute liegt in der ökonomischen Verflechtung der absteigenden und der aufsteigenden Weltmacht. Amerikaner und Sowjets betrieben kaum Geschäfte miteinander. Die Russen konnten in Ermangelung von Dollar in Detroit keine Autos kaufen, die Amerikaner hätten nicht gewusst, was sie in Moskau bestellen sollten. Ihre Beziehung war politisch platonisch, es bestand kein Geldkreislauf, der die Rivalen verband.

Zwischen China und Amerika dagegen zirkulieren Billionen von Dollar. Der amerikanische Staat braucht die chinesischen Sparguthaben so wie China den Konsumhunger der Amerikaner. Beide hängen von der Verrücktheit des anderen ab. Kappte Amerika die Handelsbeziehungen, würden Chinas stolze Wachstumsraten einknicken wie die Bäume im Sturm. Käme China auf die Idee, seine Kreditexporte zu drosseln, würde für Amerika die Luft zum Atmen knapp. »Wie redet man eigentlich Klartext mit seinem Banker?«, hat US-Außenministerin Hillary Clinton kürzlich in einer Besprechung gefragt, deren Mitschrift von der Indiskretionsplattform WikiLeaks veröffentlicht wurde.

Die Russen gründeten ihre Freundschaft mit anderen Nationen vor allem auf Container mit Kalaschnikows. Die Chinesen dagegen bauen Hafenanlagen, Straßen, Krankenhäuser, Staudämme und Herrscherpaläste. Im Gegenzug lassen sie sich wo immer möglich die Schürf- und Förderrechte für Kupferminen, Öl- und Gasfelder abtreten. Man könnte meinen, dieses Geschäftsmodell haben nicht Kommunisten, sondern die Experten von Goldman Sachs ausgetüftelt.

Der Westen steht mit offenem Mund da und mault. Auch deshalb, weil ihm die eigene Doktrin

von den »universellen Menschenrechten« ähnlich
skrupellose Geschäfte untersagt. Die Chinesen,
das macht die Sache doppelt ärgerlich, haben kein
schlechtes Gewissen, sondern argumentieren mit
Toleranz und Respekt gegenüber fremden Völkern
und Kulturen. So schlagen sie dem Westen auch
noch ein ideologisches Schnippchen.

Das Nebeneinander der Wahrheiten, die Vielzahl
der Lebensstile und das Flüchtige der heutigen
Gesellschaften spiegeln sich auch in der Weltpolitik
wider. Die Welt nach dem Ende der alten Normalität entzieht sich dem Eindeutigen. Sie ist so flüchtig
wie die Gesellschaften, aus denen sie besteht. Das
Spiel um Macht und Einflusssphären ist damit
nicht beendet, aber es wird nach Regeln gespielt,
die erst während des Spiels entstehen. Mit dem
Instrumentenkasten des Kalten Krieges, bestehend
aus Stalin-Note, Chruschtschow-Ultimatum und
Truman-Doktrin, ist in der heutigen Welt nichts zu
lösen.

Alle Theorien, die uns einst als Erklärungs-
modelle von ewiger Gültigkeit präsentiert wurden,
sind mittlerweile von der Wirklichkeit ausgemus-
tert. Handel bedeutet Wandel, hieß es damals. Es
gibt keinerlei Anzeichen dafür, dass der Iran das be-
herzigt. Auch China denkt nicht daran, seine Ein-
Parteien-Herrschaft zu verkaufen.

Atomwaffen sind zum Drohen, aber nicht zum

Abschießen da, wurde uns gesagt. Nordkorea, womöglich auch Israel könnten uns eines anderen belehren.

Marktwirtschaft und Demokratie gehören zusammen wie siamesische Zwillinge, dessen war man sich immer sehr sicher. In China, der seit 20 Jahren erfolgreichsten Marktwirtschaft, wird dieser Lehrsatz als Selbsttäuschung des Westens entlarvt.

Amerika sei die »unentbehrliche Nation«, hieß es, aber das glauben heute nicht mal mehr die Amerikaner.

Es ist nicht übertrieben zu sagen, dass mit dem Ende der Normalität das Unstete und Flatterhafte in den internationalen Beziehungen Einzug hielt. Die Welt hat sich in eine nervöse Zone verwandelt. Ihr jetziger Zustand ist nicht theoriefähig.

21

Banker im Erregungszustand

In der Welt der Finanzwirtschaft herrscht ein ähnliches Durcheinander. Die alten Normalitäten – der Bürger spart, und die Bank verleiht sein Erspartes an Investoren – sind schon seit Längerem suspendiert. Man kann sich kaum noch daran erinnern.

Jene Banken, die uns mit ihren hochriskanten Geschäften heute in Atem halten, zählten damals zu den langweiligsten Firmen des Landes. Die dort Beschäftigten hießen Bankbeamte und gingen bedächtig ihrer wichtigsten Aufgabe nach, der Kreditvergabe. Wenn sie das Wort »Risiko« nur hörten, bekamen sie einen Schreck – und nicht wie ihre Nachfolger einen Erregungszustand. Die Bankangestellten unserer Jugendjahre waren behäbige, in der Regel langweilige Zeitgenossen. Wer reich werden wollte, wurde Zahnarzt.

Ihre Nachfolger nennen sich Investmentbanker oder auch »Master of the Universe«, sie rühmen sich vorsätzlicher Sorglosigkeit und animalischer Gier, wenn sie von ihrem »Risiko-Hunger« sprechen. Ihr Geschäftsmodell unterscheidet sich von dem ihrer Vorgänger erheblich. Es geht so: Der eine leiht dem anderen Geld, das er selbst nicht besitzt. Das hat er sich bei einem Dritten besorgt, der versprach, es bei einem Vierten zu holen. Und so weiter. Nun brauchte man nur dazu überzugehen, in den Bankbilanzen erhofftes Geld wie tatsächliches Geld zu behandeln, den Wunsch also mit der Wirklichkeit gleichzustellen. So geschah es dann auch. »Good Will«, die gute Absicht, wurde allen Ernstes zu einer von Wirtschaftsprüfern und Finanzbeamten anerkannten Bilanzposition. Ein Kapitalismus ohne Kapital, das war der kühne Kern dieser Finanzmarktinnovation.

Der Staat ließ die Finanzindustrie gewähren und lebte prächtig davon. Zu Hochzeiten des Investmentbanking stammten 40 Prozent aller Unternehmensgewinne in den USA von den Banken der Wall Street.

Die modernen Finanzmärkte sind in guten Zeiten ein Segen und in schlechten Zeiten lebensgefährlich. Ihr bedeutsamster Charakterzug ist also nicht gut oder böse, sondern Unkalkulierbarkeit. Sie kennen keine Normalität. Sie können ganzen Volkswirtschaften mit ihrem monetären Bewässerungssystem zu ungeahnter Prosperität verhelfen, siehe Südkorea, Indien und China. Dann ist die Welt zu Recht begeistert. Einen solchen Armutsabbau wie in den vergangenen 20 Jahren hat die Menschheitsgeschichte noch nie gesehen. Wenn sich darin das einzige, das wahre Wesen der Finanzmärkte zeigte, der Papst käme nicht umhin, jeden Investmentbanker zu segnen.

Aber die Finanzmärkte können auch anders. Sie reißen mit derselben Dynamik ganze Volkswirtschaften – siehe Griechenland und Irland – in den Abgrund, und selbst Staatenbünde wie die Europäische Union sind vor ihnen nicht sicher.

In dem Maße, wie der Einfluss der Finanzindustrie wuchs, wurde der einzelne Mensch innerhalb dieser Industrie geschrumpft. Es gibt in der Welt der Finanzmärkte heute nur noch Betroffene und Beteiligte, aber keine Lenker mehr. Die Welt ohne Magnetismus ist hier wie unter Laborbedingungen zu besichtigen. Der Einzelne kann mühelos reich und grundlos arm werden. Ein Land kann zu den Sternen aufsteigen oder unterwegs verglühen. Alles schwebt. Bis es knallt.

In den 70er-Jahren war der Wert aller Währungsgeschäfte doppelt so groß wie der Wert des realen Handelsvolumens. Heute übertrifft die Währungsspekulation den Handel um das 20-Fache.

Der Wert aller Zinsderivate betrug 1995 rund 18 Billionen Dollar, heute dagegen sind es 400 Billio-

nen Dollar. Obwohl das globale Weltinlandspro-
dukt sich in dieser Zeit nur verdoppelt hat, hat
sich das ausstehende Volumen der Zinsspekulatio-
nen verzwanzigfacht.

Die täglichen Geschäfte mit Öl-Optionen ent-
sprachen 1990 an den großen Handelsplätzen
noch ungefähr dem Wert des tatsächlich produzier-
ten und konsumierten Öls. Heute übersteigt das
Spekulationsvolumen den tatsächlichen Wert der
Ware um das Zehnfache.

Das Finanzgeschehen habe sich von der Wirklichkeit gelöst, sagt der Börsenaufseher der britischen Regierung Lord Turner. Es besitze die Kraft,
die Werte von Industrien und Völkern zu zerstören.
Die Krise, sagt er, sei nicht nur eine Krise einzelner
Banken, sondern auch eine Krise des intellektuellen
Denkens. Unsere Vorstellung, dass Preise wichtige
Informationen transportieren, dass Märkte sich
rational verhalten und sich im Falle von Irrationali-
tät selbst korrigieren, all das sei infrage gestellt.
Nur wer sich diese bitteren Wahrheiten zumute,
werde bei der Suche nach Lösungen erfolgreich
sein können.

Doch die Staaten haben sich dieser bitteren
Wahrheit verweigert und sind stolz darauf. Neben
all die bisherigen Politikertypen, den Verteidi-
gungspolitiker, den Sozialpolitiker, den Innenpoliti-
ker, trat eine neue Spezies, der Bankenretter. Er ist

der Zwillingsbruder des Masters of the Universe. Der eine glaubt, er kann alles riskieren. Der andere glaubt, er kann alles retten.

22

Das Weltfinanzbeben. Wie die Unvernunft verstaatlicht wurde

Die Politiker kennen es, dass man sie für ihr Nichtstun kritisiert. Die Parteiendemokratie sei zu langsam, heißt es oft. Aber dass man sie für ihren Tatendrang kritisiert, kränkt sie sehr. Wir waren an Deck, als die Wellen über dem Land zusammenschlugen, halten sie sich zugute. Und das stimmt ja auch: Sie haben sich einiges einfallen lassen. Sie stützten mit Milliardenkrediten die angeschlagenen Banken, sie führten Verstaatlichungsaktionen durch, sie klotzten mit Konjunkturprogrammen, sie halfen mit, dass viele Menschen in der Kurzarbeit überwintern konnten. Alles richtig.

Doch die Erwartungen der Bürger an die Politiker waren andere. Der Staat sollte sie nicht mit ihrem Geld retten, er sollte sie vor der Notwendigkeit dieser Rettung beschützen. Man hatte gehofft, dass der Staat mehr wüsste als man selbst; dass er das »Primat der Politik«, von dem in Berlin, Paris und Washington unentwegt die Rede ist, so wahrnehmen würde, dass Katastrophen wie diese gar nicht erst passieren können. Und wenn sie doch passierten, dann erwartete man vom Staat, was man von jedem Leuchtturmwärter an der Nordsee auch erwartet: Dass er die Flut eher sieht als andere. Dass er die Alarmglocke zieht. Deswegen sitzen »die da oben« oben.

Nichts davon geschah. Die Frühwarnsysteme von Bundesbank, Bankenaufsicht und Finanzministerium waren in der Stunde der Gefahr stumm. Da klingelte nichts. Die Bundeskanzlerin war überrascht, als es anfing. Und sie war entsetzt, als es richtig losging. Die Verwerfungen auf dem Häusermarkt der USA könnten womöglich »Deutschland berühren«, glaubte Angela Merkel im Frühjahr 2008. Als aus der Berührung ein Weltfinanzbeben geworden war, glaubte sie, das Schlimmste sei nun vorbei und es sei überflüssig, »einen Schirm zu spannen und dann mit 27 Staaten Krisenmanagement zu betreiben: Deshalb lehnen wir diesen Weg ab«. Das sagte sie am 7. 10. 2008 vor dem Deutschen Bundestag.

Es ist dem kundigen Bürger nicht entgangen, dass der Staat diese Krise nicht nur nicht hat kommen sehen, sondern sie selbst nach Kräften beförderte. Die US-Regierung pumpte über ihre beiden Immobiliengesellschaften Freddie Mac und Fannie

Mae Billionen in den Wohnungsmarkt und belobigte die Wall-Street-Banken dafür, dass sie auch jenen Kredite aushändigten, die weder Arbeitsplatz noch Sparbuch besaßen. Der einzige Selbstmord im Zusammenhang mit der Finanzkrise fand konsequenterweise auch im Kellerraum eines öffentlich-rechtlich Bediensteten statt. Am 22. April 2009 erhängte sich der Finanzchef von Freddie Mac, David Kellermann, der 16 Jahre lang bei der Firma gearbeitet hatte.

Auch in Deutschland waren es vor allem die staatlichen und halbstaatlichen Geldhäuser, jene Institutionen, in deren Gremien Politiker wie Bayerns Finanzminister Erwin Huber, Ex-Politiker wie Ingrid Matthäus-Maier und der Ex-Chef der Bundesbank Hans Tietmeyer saßen. Sie hatten nichts gemerkt. Wahrscheinlich haben sie gar nicht verstanden, mit welchem Dynamit die jungen Leute im Händlerraum da hantiert haben. Eigentlich müsste der Steuerzahlerbund das Geld für die Aufsichtsratstantiemen und all die vielen Schnittchen, die während der Sitzungen gereicht wurden, zurückverlangen. Derweil die Deutsche Bank keinen Cent Staatsgeld benötigte und für 2011 einen Jahresgewinn von zehn Milliarden Euro ansteuert, siechen die Hypo Real Estate, die Industrie- und Kreditbank und die diversen Landesbanken noch immer vor sich hin. Ihre Rettung hat bis zur Drucklegung dieses Buches das Vierfache der gesamten Lohnsteuer des Jahres 2010 verschlungen. Von allen Ärgernissen der letzten 50 Jahre ist die Bankenrettung das größte.

Wahrscheinlich war die einzig richtige Entscheidung der Krisenbekämpfungspolitiker jene, die heute allgemein als die falsche gilt: die Pleite der Investmentbank Lehman Brothers. Es war das letzte Mal, dass ein Verursacher bestraft wurde. Am 15. September des Jahres 2008, als die von deutschen Auswanderern gegründete Bank Lehman Brothers die Insolvenz beantragen musste, war das Schlusskapitel der marktwirtschaftlichen Normalität in der Finanzindustrie geschrieben. Seither herrscht eine Mischform, für die es bis heute keinen Namen gibt. Die Politik rettete danach nicht nur die Banken, sie rettete ein System, das sich dadurch auszeichnet, dass es keinem System mehr gehorcht. Sachverhalte, die in den Lehrbüchern der Marktwirtschaft noch immer untrennbar zusammengehören, wie Wert und Gegenwert, Lohn und Leistung, Risiko und Verantwortung, wurden von der Politik auseinandergerissen.

In allen Finanzzentren der Welt regt sich bereits neues Leben im alten. Das Wort »Krise« haben die geretteten Banker in Schanghai, London, Frankfurt und New York aus ihrem Leben ausgebucht wie eine unvermietbare Immobilie. Es wird wieder spe-

kuliert. Es wird auch wieder gefeiert. Und es wird
wieder Geld verdient. Vergessen ist der Tag, als
Präsident Barack Obama nach New York gereist
kam, um an der Wall Street zu den Spielern an den
Finanzmärkten zu sprechen:»Ich möchte, dass Sie
meine Worte hören: Wir werden nicht zu jenen
Tagen rücksichtslosen Verhaltens und unkontrol-
lierter Exzesse zurückkehren, an denen diese Krise
ihren Anfang fand. Zu jenen Tagen, an denen viele
bloß auf schnelle Beute und aufgeblähte Boni aus
waren. Wir dürfen der Geschichte nicht erlauben,
dass sie sich wiederholt.«

Aber derselbe Präsident tat nicht, was er ange-
kündigt hatte. Er tat sogar das Gegenteil. Er und
die US-Notenbank statteten die Investoren im vergangenen Jahr derart üppig mit Geld aus, weil die
Sorge, sie könnten das alte Spiel fortsetzen, kleiner
war als die Angst, sie könnten tatsächlich das Spiel
beenden. Das weithin deindustrialisierte Amerika
hängt an seinen Banken wie der Säugling an der
Flasche. Die Banken sind wichtige Steuerzahler –
und wichtige Parteispender sind sie auch.

Im Jahr 2011 wurde mit 14 Billionen Dollar die
in der Verfassung der USA zugelassene Höchst-
grenze der Staatsverschuldung erreicht. Der Staat
zieht daraus keineswegs den Schluss, die Verschul-
dung einzudämmen, sondern er läßt derzeit die
Verschuldungsgrenze im US-Kongress anheben.

Für die Spieler an den Weltfinanzmärkten ist dank der wundersamen Geldvermehrung die beste aller Welten entstanden. Ihre Unvernunft wurde belohnt, es regnet neue Jetons. Wie in Trance treiben Spekulanten auch die Immobilienpreise schon wieder in die Höhe. Seit Jahresanfang 2009 haben die Investoren auch die Rohstoffmärkte für sich entdeckt: Zucker plus 180 Prozent, Kupfer plus 205 Prozent, Zink plus 87 Prozent, Blei plus 133 Prozent, und der Rohölpreis stieg um 155 Prozent. Früher galten die Rohstoffpreise als Frühindikatoren für das Wohl und Wehe der Weltwirtschaft. Doch mit gestiegener Nachfrage in den Fabriken hat dieser Preisauftrieb wenig zu tun. »Die Marktbewegungen sind nicht mehr konjunkturgetrieben«, sagt Andreas Rees, Chefvolkswirt von Unicredit in Deutschland.

Das Neue ist, dass diese Spekulationsblase vom Staat gewollt und gefördert ist. Denn das Geld, das derzeit die Märkte überflutet, stammt aus den Tresoren der Regierungen und den Notenpressen der Zentralbanken. Von dort gelangt es in die Händlerräume der Banken, bevor es in den Aktien- und Rohstoffmärkten ankommt. Der Staat hat für die Spekulanten die beste aller Welten geschaffen. Erst nahmen die Regierungen ihnen die wertlosen Papiere mit den faulen Hypothekenkrediten ab, dann drängten sie den Banken billiges Eigenkapital auf, und nun versorgen sie die Geldhäuser mit Liquidität zu einem Zinssatz nahe der Nulllinie. »Für die überlebenden Banken sind das die profitabelsten Zeiten, die es jemals gegeben hat«, sagt Bill Winters, Chef des Investmentbanking von JPMorgan.

Die Rolle des großen Spenders ist damit auf den Staat übergegangen. Die Unvernunft wurde verstaatlicht. Nie zuvor in der modernen Wirtschaftsgeschichte besaß die Finanzindustrie einen derartig ungehinderten Zugriff auf die Gelder der Steuerzahler.

Eine Budgetprojektion bis zum Jahr 2030, erstellt vom Peterson Institute in Washington, zeigt das wahre Ausmaß der eingegangenen Finanzverpflichtungen. Kommt es zu keinen drastischen Ausgabenkürzungen oder Steuererhöhungen, steigt die Staatsverschuldung der USA auf dann 50 Billionen Dollar. Die Internationale der Bankenretter bekämpft die Krise, indem sie die nächste vorbereitet.

Finanzpolitische Solidität war und ist das Fundament starker Nationen. Es gibt weltweit kein Beispiel, dass Staaten, die mehr konsumieren als erzeugen, auf Dauer überlebensfähig sind. Auch wenn es viele schon probiert haben, die Sowjetunion, Kuba, das China des Mao Zedong, es hat noch nie funktioniert. Das Leben auf Pump ist ein Leben auf Abriss, auch wenn zwischen Anfang und Ende noch einige Jahrzehnte liegen. Das Ende der Normalität kann für die USA das Ende ihres Status als Supermacht bedeuten.

23

Und ewig grüßt der Steppenwolf

Normalität ist für unser Leben so wichtig wie die Erdanziehungskraft für das Funktionieren des Kompasses. Verschwindet die Gravitation, spinnt die Nadel. Der Einzelne, aber auch Staaten und Staatenformationen können erst die Orientierung verlieren und danach vieles mehr.

In den USA ist der Prozess am weitesten fortgeschritten. Man beleidigt einander, man beschimpft und beschießt sich, nur zuhören tut niemand mehr. Der mächtigste Mann der Welt ist zugleich auch der hilfloseste Mann der Welt, weil der ökonomische Niedergang seines Landes noch vom Niedergang der politischen Kultur übertroffen wird. Die alten Magnetismen, Wirtschaftskraft, Patriotismus, eine siegreiche Armee und ein historisch aufgeladener Optimismus, scheinen erschöpft, was für den übrigen Westen nichts Gutes verheißt.

In Europa geht das Ende der Normalität mit

einer länderübergreifenden Übellaunigkeit einher. Das Vereinte Europa entsteht im Kreissaal der Geschichte, aber die Beteiligten wirken freudlos.

Die deutsche Wirtschaft hat sich zwar schneller als andere Volkswirtschaften des Westens aus der Krise herausexportiert, aber die politische Stimmung ist labil geblieben. Das Ende der Normalität wird als Zumutung, nicht als Chance erlebt. Das Unstete, das Nervöse und Spannungsgeladene der heutigen Welt führt zur weiteren Entfremdung innerhalb der Gesellschaft. Die gute Nachricht lautet zwar: Wir sind frei zu tun und zu lassen, was wir wollen, aber sie korrespondiert unmittelbar mit der schlechten Nachricht: Die anderen sind es auch. Deren Freiheit wirkt auf uns zurück. So sind wir beides, die herrschende Klasse und ihre Dissidenten. Der düstere Schatten, der uns folgt, wird von uns selbst geworfen.

Marx ist tot, aber der Glaube, dass jeder neue Zeitabschnitt der Menschheitsgeschichte eine Verschlechterung bedeutet, dass es einen ewigen Dreiklang von Verelendung, Verrohung, Massenaufstand gibt, hat ihn überlebt. Auch die neue Freiheit der nachindustriellen Gesellschaft wird nicht als befreiend empfunden. Eine Mehrheit der Bevölkerung hat – wieder mal – das Gefühl, die Wirtschaftsgeschichte entwickle sich zu ihrem Nachteil. Der real herrschende Kapitalismus sei »sozial ungerecht«, führe zur »Zerstörung von Produktion und Produktivität, von Arbeitsplätzen und Wohlstand, von Innovation und Kreativität«, so heißt es im Programm der Partei Die Linken. Für diese Lageeinschätzung findet sich in Deutschland zu jeder Tages- und Nachtzeit eine Zweidrittelmehrheit.

Es war noch zu allen Zeiten so, dass die neue Formation der Arbeitsgesellschaft als Rückschritt und damit als Zumutung empfunden wurde. Der Mensch fürchtet, was er nicht versteht. Es scheint ihm düster und bedrohlich. Schon das Nichtverstehen beleidigt ihn.

Das Vertrauen in die Führungsfiguren der Wirtschaft, das kommt erschwerend hinzu, ist nicht höher ausgeprägt als das in die Politiker. Wären die Bürger und die Deutsche Bank zwei Staaten, würden sie sich so feindselig gegenüberstehen wie Russen und Amerikaner während des Kalten Krieges. Auch da wurde nicht geschossen, aber jeder verachtete den anderen nach Kräften. Man sprach miteinander, verstanden hat man sich deshalb noch lange nicht.

Viele fühlen sich überfordert, sie trauen sich nichts und den anderen alles zu. Der Zustand der Deutschen ist wie die Lage: schwankend. Mehr als jede andere Berufsgruppe wissen die Apotheker, wie es um das Innere bestellt ist. Das Medikament mit dem größten Zuwachs (plus 252 Prozent) war im Jahr 2009 das Psychopharmakon Zyprexa, das bei Depressionen eingenommen wird.

Nicht alle Verzweifelten greifen zur Arznei. Manche entscheiden sich auch für den finalen Rettungssprung vor den nächstbesten Schnellzug. Der Selbstmord erfreut sich im Deutschland des 21. Jahrhunderts anhaltender Beliebtheit. 2009 starben mehr als doppelt so viele Menschen von eigener Hand wie durch einen Verkehrsunfall. Jeder siebte verstorbene Jugendliche, so die letzte verfügbare Statistik, hat sich selbst umgebracht.

Wir hätten noch mehr Selbstmorde zu beklagen, sagen alle Studien, wenn die Verzweifelten denn wüssten, wie sie ihrem Dasein ein schnelles und schmerzfreies Ende bereiten können. Ärzte wissen, wie das geht. Sie kennen den Ausschalter. Deshalb fällt in dieser Berufsgruppe die Selbstmordrate auch dreimal so hoch aus wie in der übrigen Bevölkerung. Wären alle Deutschen Ärzte, würden jedes Jahr 30 000 unserer Landsleute freiwillig aus dem Leben scheiden.

Keiner hat sich so eindringlich mit dem Freitod und seinen Ursachen befasst wie der französische Soziologe Emile Durkheim in seinem 1897 erschienenen Standardwerk *Le Suicide*. Er kam schon damals zu der Erkenntnis, dass es für die meisten Selbstmorde ein verbindendes Motiv gibt: den Zerfall von Regeln, das Undeutlichwerden von Werten, eine in allen Lebensbereichen sich auflösende Normalität. Er nannte diesen Zustand »Anomie«.

Da nicken auch die heutigen Psychologen. Depression, schreibt Ines Geipel in ihrem Buch *Seelenriss*, sei die Pest unserer Tage. Das ewig Schwankende bekommt den Menschen offenbar nicht gut, Rockmusiker vielleicht ausgenommen. Aber selbst die sehnen sich nach dem Selbstverständlichen, wie man an Keith Richards erkennen kann. Der Gitarrist der Rolling Stones hat ein anderes Leben als das des Rock 'n' Rollers nie versucht. Er erklärt die Verrücktheiten seines Lebens zu seiner Normalität und ist damit gut gefahren. Nun verwittert er auf offener Bühne.

Das Ende der Normalität bedeutet nicht das Ende der Menschheit, sondern den Beginn einer neuen Zeitrechnung mit allem, was dazugehört: Ungewissheit und Unsicherheit, aber auch Neugier, Abenteuerlust und viele unerforschte Chancen. Es ist genau so, wie der griechische Philosoph Heraklit es gelehrt hat: Nichts ist ohne sein Gegenteil wahr. Gefühle der Fremdheit und des Heimwehs wechseln sich ab mit dem Kitzel des Neuen. Wo eben noch melancholische Trauer, keimt plötzlich kindliche Vorfreude.

Jene Generation, die in der alten Ordnung geboren wurde und nun in die neue Unübersichtlichkeit hineinragt, tut sich am schwersten. Das Buch *Der kommende Aufstand*, von anonymen Autoren aus Frankreich verfasst, beschreibt die Gefühle der Dazwischengeneration, ihre Einsamkeit und eine offenbar tief empfundene Perspektivlosigkeit. Das Auseinanderfallen der Gesellschaft wird von ihnen als Verfall erlebt. Dort heißt es:

»Für die gegenwärtige Situation wird es keine soziale Lösung geben. Zunächst weil das vage Konglomerat von Milieus, Institutionen und individuellen Blasen, das man ironisch ›Gesellschaft‹ nennt, keine Konsistenz hat, außerdem weil es keine Sprache mehr für die gemeinsame Erfahrung gibt. Man teilt keine Reichtümer, wenn man keine Sprache teilt. Von einem Punkt extremer Isolation, extremer Ohnmacht brechen wir auf. Nichts ist unwahrscheinlicher als ein Aufstand, aber nichts ist notwendiger.«

Dieser Text, der es trotz fehlender Autorennamen in Frankreich zum Bestseller brachte, erinnert in seiner Wildheit nicht ganz zufällig an Hermann Hesses Steppenwolf, jenen gleichermaßen verkrachten wie empfindsamen Helden, der vor über hundert Jahren Ähnliches durchlitten haben muss. Wir hören, wie der Steppenwolf durch das abgelaufene Jahrhundert zu uns spricht:

»Jede Zeit, jede Kultur, jede Sitte und Tradition hat ihren Stil, hat ihre ihr zukommenden Zartheiten und Härten, Schönheiten und Grausamkeiten, hält gewisse Leiden für selbstverständlich, nimmt gewisse Übel geduldig hin. Zum wirklichen Leiden, zur Hölle wird das menschliche Leben nur da, wo zwei Zeiten, zwei Kulturen, zwei Religionen einander überschneiden. Ein Mensch der Antike, der im Mittelalter hätte leben müssen, wäre daran jämmerlich erstickt, ebenso wie ein Wildtier inmitten unserer Zivilisation ersticken müsste. Es gibt nun Zeiten, wo eine ganze Generation so zwischen zwei Zeiten, zwischen zwei Lebensstilen hineingerät, dass ihr jede Selbstverständlichkeit, jede Geborgenheit und Unschuld verloren geht.«

Nun ging auch in unserem früheren Leben immer mal wieder Normalität verloren, aber nach jeder Veränderung, ob politischer Aufruhr, kultureller Urschrei oder technischer Durchbruch, kehrte sie zurück. Auf sie war Verlass, auch wenn die neue Normalität immer ein bisschen anders aussah als die alte.

Die Zeitschriften druckten In- und Out-Listen, damit auch jeder Bürger wusste, welche Normalität die gerade gültige war. Auf Mini folgte Maxi, so wie auf einen kriegslüsternen Republikaner ein leutseliger Demokrat. Man verreiste erst zum Timmendorfer Strand, bevor Thailand das neue Timmendorf wurde. Politisch war man erst rot oder schwarz, dann grün oder gelb und schließlich gleichgültig.

In den 70er-, 80er- und 90er-Jahren war zwar nicht alles besser, aber vieles war verlässlicher. Die Welt drehte sich, aber sie rotierte nicht ständig. Das Leben war zwar kein langer ruhiger Fluss, aber ein permanenter Ausnahmezustand war es eben auch nicht.

Die deutsche Gesellschaft bewegte sich von einer Normalität zur nächsten, meistens im gemächlichen Tempo eines sonntäglichen Spaziergängers. So haben es die Deutschen vom Land der Raiffeisenbanken in die Sparkassen-Gesellschaft geschafft und wollten da eigentlich noch ein wenig verharren. Der Deutschen Bank nehmen viele übel, dass sie so schnell so hoch hinauswill. Sie will Weltbank sein, wo viele sich nichts sehnlicher wünschen als ein Geldhaus, bei dem der Chef morgens hinterm Mahagonischreibtisch bei einer Tasse Kaffee die Börsenkurse studiert. Stattdessen kam Josef Ackermann, dessen Büro sich in einem Learjet befindet und der es gegenüber einem ZDF-Reporter als das größte Problem seines Alltags bezeichnete, dass er ständig in fremden Hotels aufwache und nicht wisse, wo der Lichtschalter sei.

Natürlich gab es auch früher immer wieder Fortschrittsschübe. Die Jugend lief vorneweg, Oma hinterher, aber alle waren in Sichtweite zueinander. Wichtig war den Deutschen nie der Wechsel, sondern das Intervall zwischen zwei Veränderungen.

Sie waren stolz auf ihre Normalität, auch wenn die zuweilen langweilte. Von ihr gingen Gemächlichkeit und Ruhe aus, die ihrerseits das Gefühl von Geborgenheit stifteten.

24

Normalität. Eine deutsche Sehnsuchtsvokabel

Selbst der Aufstand der 68er war im Rückblick nicht die Ausnahme von der Regel, sondern ihre Bestätigung. Das Bemerkenswerte an den Revoluzzern war ja nicht ihre Aufmüpfigkeit, sondern die Geschwindigkeit, mit der sie sich wieder in den Alltag der anderen einfädelten. Ihr Marsch durch die Institutionen endete da, wo alles begonnen hatte, in der deutschen Normalität.

Die Toilettentüren wurden wieder eingehängt, die Bärte gestutzt, Uschi Obermaier zog ihre Bluse wieder an und wurde Unternehmerin. Seither hat sie ihre Bluse zwar für verschiedene Hochglanzmagazine immer wieder auf- und zugeknöpft. Aber ihr Motiv war nicht mehr dasselbe. Sie will nun nicht mehr die Welt verändern, sondern nur noch die Verkaufszahlen ihrer Schmuckkollektion steigern. Wahrscheinlich wählt sie heute FDP.

Seit jeher lieben die meisten Menschen die Zeit

zwischen zwei Umbrüchen mehr als alle Unordnung davor und danach. Auch wenn das Wort in keinem Wahlprogramm auftaucht, in keiner Verfassung je gewürdigt wird. Es ist die Lieblingsvokabel der meisten Menschen: Normalität.

Die großen Worte unserer politischen Parteien lauten zwar Zukunft, Fortschritt, Reform. Die Liebe der Wählerinnen und Wähler aber gehört dem Bestehenden. Die erfolgreichsten Wahlkämpfe waren jene, bei denen die Sehnsucht nach Selbstverständlichkeit bedient wurde.

Konrad Adenauer trat 1957 mit dem Versprechen »Keine Experimente« an. Er holte für die Konservativen die absolute Mehrheit der Stimmen und Mandate. Es war der größte Triumph, den je ein deutscher Politiker am Wahltag einfuhr.

Helmut Kohl bezeichnete sich selbst als Adenauers Enkel. »Weiter so«, ließ er auf die Plakate drucken. Der Mann regierte 16 lange Jahre. Seine Regierung lieferte das, was sich die Wähler einer sich schon damals spürbar beschleunigenden Welt am meisten wünschten, Langsamkeit. Die Opposition sprach von Reformstau, aber das musste den Amtsinhaber nicht ängstigen. Er spürte, was die anderen nicht spürten: Für die Wähler besaß Veränderung nicht diesen magischen Klang, den man ihr nachsagte.

Die SPD der Nachkriegszeit wurde erst wählbar,

als sie sich vom großen Gegenentwurf, dem Sozialismus, verabschiedet hatte. Erst ihr in Bad Godesberg gegebenes Versprechen, sich als Regierungspartei im Rahmen des Normalen, sprich der bisherigen bürgerlichen Gesellschaft, zu bewegen, machte sie mehrheitsfähig. Die Menschen wollten Wohlstand und Bequemlichkeit, nicht Revolution und Sozialismus.

Kein Bundeskanzler wurde derart missinterpretiert wie Willy Brandt, der als Reformkanzler in die Geschichtsbücher einging. Dabei warb er in Wahrheit damit, dass er die Normalität der Bürger verlängern würde. »Wer morgen sicher leben will, muss heute für Reformen kämpfen«, stand auf seinen Wahlplakaten. Die Geschichtsschreiber hören auch heute nur, was sie hören wollen: Reformen. Das Volk aber verstand den Satz anders. Brandts Reformen dienten dem Zweck, das Bestehende zu erhalten. Es waren Veränderungen zur Verhinderung von Veränderung. Das leuchtete den Bürgern ein. Das war es, was sie wollten. Damit war die Zustimmung in der Mitte der Gesellschaft gesichert.

Hier liegt wohl auch der Fehler der Reformpolitik von Bundeskanzler Gerhard Schröder. Er hat nicht zu erklären vermocht, dass die bittere Medizin der Agenda 2010 der Heilung des Landes und damit der Verlängerung des Gewohnten dienen sollte. Es gehe nicht darum, dem Wohlfahrtsstaat den Todesstoß zu geben, sagte Schröder. Seine Stammwähler aber hatten das Gefühl, dass er genau das tat. In Todesangst rannten sie davon.

Das Festhalten am Bestehenden ist keine schlechte Angewohnheit der Bürger, die man ihnen abgewöhnen könnte. Wir alle wollen Normalität nicht nur, wir brauchen sie auch. Sie gibt unserem Leben Halt und dem erlernten Beruf einen Wert. Sie garantiert dem Einzelnen seinen Platz in der Gesellschaft und damit jenes kostbare Gut, das sich mit Geld nicht kaufen lässt: Respekt.

Gelebte Normalität schafft einen Reichtum, den der Volksmund Erfahrungsschatz nennt. Durch abrupte Änderungen wird dieser Schatz entwertet. Millionen DDR-Bürger wissen, was das bedeutet. Ihre DDR-Währung wurde zwar großzügig auf D-Mark umgestellt. Aber ihr Erfahrungsschatz hat sich in der Nacht der Wiedervereinigung zum toxischen Vermögenswert entwickelt. Ihr neues Leben war durch die Verstrickung in das vorherige belastet. Ein Großteil ihrer Lebenserfahrung war damit von wertvoll auf wertlos umgestellt worden. »Am 3. Oktober des Jahres 1990 wurden die Bürger der DDR zu Immigranten im eigenen Land. Sie waren nach 40 Jahren in Westdeutschland angekommen«, urteilte der damalige Kultusstaatssekretär von Sachsen, Wolfgang Nowak.

Am Tag der Wiedervereinigung trugen die Menschen im Westen den Sieg davon, auch wenn sie gar nicht gekämpft hatten. Es war nicht der Sieg des Kapitalismus über den Kommunismus, den sie feierten. Es war der Triumph ihrer Normalität über die Normalität der anderen. Jeder Sozialhilfeempfänger-West durfte sich dem Professor-Ost überlegen fühlen und tat es auch. Die Abwertung des ostdeutschen Erfahrungsschatzes bedeutete die Aufwertung ihrer eigenen Biografie. Die Besserwessi AG war der Bluechip dieser Tage.

Aus gutem Grund bewohnen die meisten Menschen die alte Normalität, solange es geht. Nur ungern ziehen sie in eine neue um. Derweil die meisten Gesellschaftswissenschaftler dem Menschen einen unstillbaren Veränderungsdrang unterstellen, anerkannte Anthony Giddens als einer der ersten den »hohen Wert der Gewohnheit«, lobte die den Menschen »stützende Routine«.

In den USA entscheiden die Wähler nach dem gleichen Kriterium. Die Bürger der Vereinigten Staaten waren nicht verrückt nach Veränderung, als sie Barack Obama wählten. Sein Versprechen von »Change«, von Wechsel, bezogen sie nicht auf ihr Leben, sondern auf den politischen Betrieb in Washington. Den sollte Obama ändern. »Change comes to Washington«, der Wechsel kommt nach Washington, hatte er auf seinen Kundgebungen immer wieder gerufen.

Welche Enttäuschung: Washington blieb Washington, mit seinen Lobbyisten, der Hinterzimmer-Politik, der mitleidlosen Konfrontation von Regierung und Opposition. Obama aber fing an, das Leben der Amerikaner verändern zu wollen. Kaum waren die Details seiner Gesundheitsreform bekannt, erkaltete das Verhältnis zwischen Volk und Präsident. Bei einem Treffen im Kreise der White-House-Korrespondenten zeigte sich der Präsident nachsichtig gegenüber den Beharrungskräften im Volk, die er so sträflich unterschätzt hatte: »Die Leute wissen, dass unser altes Gesundheitssystem ein Teufel ist«, sagte er. »Aber es ist der Teufel, den sie kennen.«

25

Das Fortschrittsgen. Warum wir uns trotz alldem verändern wollen

Der Mensch wäre kein Mensch, wenn er nur nach Behaglichkeit strebte. Er ist bequem, aber nicht nur. Er ist zugleich auf Fortschritt aus, er will sich nicht nur verändern, er will sich verbessern. Vom Neandertaler bis zum Homo oeconomicus hat sich an dieser ihn treibenden Vorwärtsenergie wenig geändert. Der Mensch ist über all die Jahrhunderte ein Nichtsesshafter geblieben. Er will über sich selbst hinauswachsen, weshalb er sich in ständiger Suchbewegung befindet. Auch wenn die Forschung bisher kein Fortschrittsgen hat nachweisen können, es muss etwas Ähnliches in uns wirken.

Die übrige Natur verhält sich in diesem Punkt auffällig anders als der Mensch. Sie bleibt auf ewig in sich selbst gefangen. Das Samenkorn geht auf, wächst zu einem Baum, der Baum stirbt und hinterlässt das Samenkorn. Anfang und Ende fallen zusammen. Das Samenkorn will kein Vogel werden.

Der Mensch ist anders. Er sieht den Vogel und will fliegen. Er beobachtet den Fisch und will nun selbst die Ozeane durchqueren. Er bewundert den Reichtum der Reichen und versucht, es ihnen gleichzutun. Die Menschheit entwickelt sich – wenn irgend möglich – nach vorn. Sie versucht die herrschenden Zustände, die der Einzelne noch zu jeder Zeit als kritikwürdig, ungenügend und oft auch empörend empfunden hat, zu überwinden. Stirbt Karl Marx, wächst ein neuer nach. Geht Robert Bosch, macht am anderen Ende der Erdkugel Bill Gates von sich reden. Fortschritt gehört zur Menschheit wie die Fliege zur Kuh.

Seit Hegel kennen wir auch das ewige Prinzip, das da treibend und am Ende verändernd in uns wirkt. Er hat es Dialektik genannt. Jede Normalität arbeitet demnach an ihrer eigenen Abschaffung, jeder Zustand schreit nach seiner Überwindung. Anfang und Ende fallen, wenn es um den Menschen geht, auseinander. Wir kehren nie zu uns selbst zurück, und wenn doch, dann nur aus Versehen.

Alle Epochen der Menschheitsgeschichte waren durch Veränderung gekennzeichnet, durch Aufstieg, Abstieg und Auslöschung. Weltreiche, Dynastien und Industrien, Ideen, Baustile und Moden verschwanden, damit neue Weltreiche, neue Dynastien, neue Baustile und Moden an ihre Stelle treten konnten. Stets entwickelte sich das Künftige im Widerstand zum Gegenwärtigen, weshalb wir die Dialektik, also die Verneinung der Gegenwart, als das beherrschende Entwicklungsprinzip unserer Welt bezeichnen dürfen.

Hegel und die anderen Vertreter der Aufklärung hatten damit den Schleier von einer Welt gezogen, die uns ohne das dialektische Ordnungsprinzip fremd, im Wortsinne schleierhaft geblieben wäre. »Sprich, damit ich dich erkennen kann«, sagen die Blinden zu den Sehenden. Hegels Welt spricht zu uns. Wir wissen nun, wie Vergangenheit, Gegenwart und Zukunft miteinander verbunden sind. »Das dialektische Moment ist das eigene Sichaufheben.«

Das Tröstliche seiner Idee von der Welt besteht darin, dass diese Aufhebung immer Fortschritt bedeutet. Was früher das Privileg der Religion war, Hoffnung zu verbreiten, Erlösung zu versprechen, ging mit der Aufklärung auf die von Menschen gemachte Geschichte über. Im Erwachsenen hebt sich die Kindheit auf, so wie in der Demokratie der Feudalismus. Die gezähmte Marktwirtschaft unserer Tage ist die Negation des Raubtierkapitalismus, wie ihn unsere Ur-Ur-Väter noch kannten. Der Rechtsstaat trat an die Stelle des Willkürstaates. Auf den Beschuldigten wartet heute der Anwalt, nicht mehr der Folterknecht. Der eine ist ein lebendes Gesetzbuch, der andere ein Dämon mit Menschengesicht, der den Kopf des Gefangenen in einen großen Schraubstock spannte und so lange schraubte, bis der Betroffene geständig war. Schwieg der Beschuldigte weiter, drehte er, bis der Schädel platzte. Heute droht einem Verdächtigen im schlimmsten Fall die Unterkunft in einem gut gesicherten Gebäude, das sich vom einfachen Hotel vor allem dadurch unterscheidet, dass man es nicht verlassen darf. Weil die Menschenrechtsorganisationen ihre Arbeit nicht einstellen wollen, stören sie sich an der Unterbringung von Gefangenen in Einzelzimmern. Früher hieß das Luxus, heute »Isolationshaft«.

Der Fortschritt hat es also weit gebracht. Die Geschichte der Menschheit ist bei allen Rückschlägen und Entgleisungen eine Fortschrittserzählung. Die westliche Gesellschaft, die wir bewohnen, ist bei aller Ungerechtigkeit die gerechteste, die wir je hatten. Das marktwirtschaftliche Wirtschaftssystem ist bei aller Brutalität das am wenigsten brutale. Das Leben des Einzelnen ist noch immer hart, aber deutlich weniger hart als das seiner Vorfahren. Auch wenn der Intellektuelle per definitionem an seiner jeweiligen Gegenwart leidet wie ein Hund – Nietzsche: »Gegen 1770 bemerkte man bereits die Abnahme der Heiterkeit« –, haben wir es, wenn man ehrlich ist, mit unserem Dasein zu Beginn des 21. Jahrhunderts nicht so schlecht getroffen.

Wahrscheinlich wird der Abschied von der heutigen Normalität gerade deshalb als so schmerzhaft empfunden: Man klammert sich an eine Existenz, für die unsere Vorfahren alles gegeben hätten. Die Mühsal unseres Alltags war ihr Traum. Was wir Wirklichkeit nennen, war ihre Sehnsucht. Deutschlands Trümmerfrauen würden die Glückstränen über die hageren Wangen kullern, wenn sie sehen könnten, in welcher Gesellschaft – materiell wohlhabend, sozial abgesichert, politisch und menschlich respektiert in aller Welt – ihre Enkelkinder heute aufwachsen dürfen.

Auch Karl Marx, Martin Luther King, Mahatma Gandhi und Rosa Luxemburg dürften überrascht sein, wenn sie sehen könnten, wie weitgehend ihre Ideen von der klassenlosen und gewaltfreien Gesellschaft aufgegriffen wurden, wie selbstverständlich die Rechte von Frauen und Schwarzen zumindest in den westlichen Staaten verbrieft sind.

Umso schmerzhafter wird der neuerliche Gezeitenwechsel empfunden, der von keinem Revolutionär gewollt, von keiner Partei betrieben, auch von keinem Wirtschaftsführer propagiert wird, und der sich dennoch mit der Kraft einer Urgewalt in unser Leben schiebt. Die Abschiedsgeneration empfindet Heimweh. Sie erlebt das Auseinanderfallen der Gesellschaft als deren Verfall.

Doch bald schon wird es – wie in all den Perioden

zuvor – zu einer Neubewertung von Erwartungen und Empfindungen kommen. Dem Abschied folgt die Ankunft. Die Geschichte geht weiter, das dialektische Prinzip wirkt in uns fort. Die Unsicherheit wird nicht weniger, aber sie wird vermutlich bald weniger stark empfunden. Das Fehlen des Selbstverständlichen bildet für die nächste Generation womöglich die neue Selbstverständlichkeit. Es ist dann vielleicht normal, dass nichts mehr normal ist. Alles andere käme den Nachgeborenen wahrscheinlich unnormal vor. Es wird nicht mehr lange dauern, und unser abgelegtes Leben, das mit staatlicher Rentengarantie und einem Leben im Verbund der Familie, verschwindet im Museum für Zeitgeschichte. Wenn unsere Kinder gnädig sind, werden sie uns als Museumsführer anstellen.

Wischen wir die Nostalgie also beiseite und betrachten die Medaille von ihrer anderen, der glänzenden Seite. Wir blicken auf ein Leben, das in der Schwerelosigkeit sich abspielt. Unsere Biografie befreit sich aus den bisherigen Befestigungen, die immer auch Behinderungen und Beschwerlichkeiten waren. Das zu lebende Leben entzieht sich der buchhalterischen Kalkulation, aber im selben Augenblick wird es bunter und aufregender, natürlich auch, weil es gefährlicher wird. Wir erleben einen Stabilitätsverlust, das ist nicht zu bestreiten. Zugleich erfahren wir einen Souveränitätsgewinn vergleichbar der Landnahme Amerikas durch die aus Europa stammenden Siedler, die sich die neue Welt untertan machten. Es gab auch für sie keine Normalität, keinen Staat und deshalb auch keine Staatskirche, es gab weder ein Erziehungssystem noch Post oder Armee. Selbst mit der gemeinsamen Sprache haperte es; die heutige amerikanische Gesellschaft war damals ein nur flüchtiges Gebilde.

Erst 200 Jahre nachdem die ersten Siedler mit der Mayflower in der Nähe von Boston gelandet waren, sah die Welt anders aus. Das Wort »Weltmacht« war nun in aller Munde.

Auch das Ende unserer heutigen Normalität bedeutet nicht das Ende der Welt, sondern nur das Ende der Welt, wie wir sie kennen. Vor uns liegt das weite Land. Die Landnahme kann beginnen.

26

Zukunft, zweimal

Franz Kafka erzählt in seiner Parabel »Vor dem Gesetz« die folgende Geschichte:

Ein Mann bat um Eintritt. Aber der Torhüter sagte ihm, dass er jetzt den Eintritt nicht gewähren könne. Der Mann überlegte und fragte, ob er später werde eintreten dürfen. »Es ist möglich«, sagte der Torhüter, »jetzt aber nicht.«

Solche Schwierigkeiten hatte der Mann nicht erwartet. Als er sich den Torhüter in seinem Pelzmantel genauer ansah, seine große Spitznase, den langen, dünnen, schwarzen tatarischen Bart, entschloss er sich, doch lieber auf Erlaubnis zu warten.

Der Torhüter gab ihm einen Schemel und ließ ihn seitwärts vor dem Tor sich setzen. Dort saß er Tage und Jahre. Er machte viele Versuche, eingelassen zu werden, und ermüdete den Torhüter durch seine Bitten. Schließlich wurde sein Augenlicht schwach. Im Dunkel erkannte er einen Glanz, der aus dem Tor kam. Aber der Mann war am Ende seiner Kräfte.

Da brüllte ihn der Torhüter an: »Dieser Eingang war nur für dich bestimmt. Ich gehe jetzt und schließe ihn.«

Obwohl vor knapp hundert Jahren geschrieben, dürfen wir uns von dem Gleichnis angesprochen fühlen. Wie Kafkas Mann stehen auch wir vor dem Tor, hinter dem sich unsere Zukunft verbirgt. Wir sind gerade angekommen. Wir wollen hinein. Doch in uns zögert es. Schon wird der Schemel gereicht.

Es gibt für die Deutschen nach dem Ende der Normalität nicht nur eine Zukunft, sondern zwei. Die eine findet hinter dem Tor statt, die andere davor. Ob wir als Gesellschaft hindurchgehen, wird sich bald entscheiden. Vieles hängt davon ab, wer stärker ist, wir oder der Zaudergeist in uns. Die Freiheit lockt, so wie sie uns auch schreckt. In uns braust und saust es.

Der Einzelne war noch nie so mächtig wie heute, haben wir vorhin gesagt. Die ungeschriebenen Gesetze der Gesellschaft wurden suspendiert. Die alten Mächte haben ihre Macht über das Individuum verloren. Wenn Büchners Danton einst rief, »Puppen sind wir, von unbekannten Gewalten gezogen«, so dürfen die Nachgeborenen mit demselben Recht der Übertreibung in die Geschichte zurückrufen: »Frei sind wir. Erstmals beherrschen wir uns selbst.«

Doch die neue Unabhängigkeit ist, kaum dass sie sich zeigt, schon wieder allerlei Gefährdungen ausgesetzt. Der Keim der Freiheit kann von Soldatenstiefeln erdrückt werden, wie es mehrfach in der europäischen Geschichte geschah. Der Keim der Freiheit kann aber auch von düsteren Ängsten erstickt werden. Wenn für eine Mehrzahl der Deutschen die neue Welt nur als Welt des Unglücks denkbar ist, werden ihre Antriebskräfte erlahmen. Einer solchen Zukunft eilt keiner mit federndem Schritt entgegen. Er wird eher von einem Bein auf das andere steigen und vor sich hin zweifeln; so wie es Kafka Zeit seines Lebens getan hat. »Kein Wort fast, das ich schreibe, passt zum anderen, ich höre, wie sich die Konsonanten blechern aneinanderreihen. Meine Zweifel stehen um jedes Wort im Kreis herum.«

Die Deutschen haben seit jeher einen Hang zur Düsternis. Wer sich seinen Mitmenschen als Optimist zu erkennen gibt, gilt als oberflächlich. Wer auf den bisherigen Fortschritt der Weltgeschichte verweist, der mit seinen Aufwinden nun auch die Völker Asiens und Lateinamerikas erfasst hat, gerät in Konflikt mit der herrschenden Bedrohungslehre. Auf das Schlimmste sind wir jederzeit vorbereitet. Aber mit dem Besten können wir nicht

viel anfangen. Wir können es uns oft nicht mal vorstellen.

Die nächste Katastrophe ist uns immer die liebs-
te, zumal uns alle bisherigen Apokalypsen schwer
enttäuscht haben. Die Rinder waren nicht halb so
wahnsinnig, wie wir dachten. Der Ebola-Virus ver-
schied lautlos aus den Zeitungsspalten. Der deutsche Wald trägt trotzig seine Blätter. Der Kapitalismus weigert sich, an seinen inneren Widersprüchen
zugrundezugehen, und die angekündigte Erderwär-
mung beschert uns einen Jahrhundertwinter nach
dem anderen. Um sicherzugehen, dass die kollek-
tive Untergangssehnsucht diesmal ein würdiges
Wirtstier findet, konzentrieren sich viele nun auf
die Zukunft als Ganzes. Irgendein Unheil wird
sich schon finden. Hinter dem Tor zur Freiheit, so
vermuten sie, da lauert es schon.

Das heißt nicht, dass der Pessimist mit gänzlich
leeren Händen vor uns steht. Seine Ängste sind ins
Irreale übersteigert. Aber die Zustände, die seine
Ängste begründen, sind eine historische Tatsache.
Mit dem Ende der Normalität betreten wir eine
Welt veränderter Wahrscheinlichkeiten. Früher
gab es für den, der im bürgerlichen Elternhaus auf-
wuchs, eine Festbuchung auf ein sehr ähnliches
Leben, wie es Vater und Mutter geführt haben.
Der Beamte hatte mit Überreichung der Ernen-
nungsurkunde ausgesorgt. Eheleute blieben zusam-

men, bis der Tod sie schied. Wer seine Zukunft kennenlernen wollte, musste nur in die Vergangenheit seiner Eltern blicken. Was man da sah, war nicht aufregend, aber es sah halbwegs gemütlich aus.

Heute leben wir in einer Welt der Ungewissheiten. Keiner hat sein Los in der Tasche. Es wird immer neu gezogen. Nicht einmal der Beamte kann sicher sein, dass die ihm gemachten Pensionszusagen gehalten werden. Eine flatterhafte Gesellschaft, die sich selbst beschleunigende Technik und die mit mathematischer Präzision voranschreitende Überalterung der Gesellschaft ergeben einen Problemcocktail, dessen Wirkung sich der Vorhersage entzieht. Die Wahrscheinlichkeit, dass alles anders kommt, konkurriert mit der Hoffnung, dass manches bleibt, wie es war. Das lineare Leben früherer Zeiten endet mit einem Feuerwerk von Komplexität.

So viel lässt sich in jedem Fall sagen: Wir halten die Freiheit in der Hand, aber die Sicherheit ist uns entwischt. Das stolze Gefühl von Selbstbestimmung zog in uns ein, aber das Gefühl des Geborgenseins und Gehaltenwerdens ging dabei verloren. Schon steigen vielerorts Zweifel auf, ob der moderne Mensch wirklich der Profiteur der Geschichte ist oder nicht einer Bilanzbetrügerei aufsitzt, die Zumutungen als Gewinne ausweist.

Das Verrückte an der Freiheit ist: Man weiß nie

genau, woran man mit ihr ist. Sie spricht keine Garantien aus, vergibt keine festen Sitzplätze, meidet das Deutliche. Sie ist oft nicht viel mehr als eine Möglichkeit.

Frei sind, das kommt hinzu, nicht nur wir; die anderen sind es auch. Die Welt der vielen Freien aber wirkt auf den Einzelnen im besten Falle wundersam, oft aber wirr und willkürlich. Die Freiheit scheint wie der abstrakte Künstler zu arbeiten, der selbst noch nicht weiß, wohin sein Pinsel ihn gleich führt, in welcher Farblache er sich suhlt, wie fest er seine Borsten gegen die Leinwand presst.

Der Wagemutige ist vom Aufbruch in diese expressive Chancenwelt fasziniert, die Ängstlichen und Bedächtigen aber drückt es immer fester auf den Schemel. Sie wollen ihre Normalität zurück, stemmen sich innerlich gegen jede neue Ausdrucksform der Moderne. Die veränderte Rechtschreibung wühlt sie genauso auf wie der unterirdische Bahnhof in Stuttgart oder der Wegfall der Kilometerpauschale. Jede Veränderung empfinden sie als Attentat auf ihr bisheriges Leben. Ihre Erkennungszeichen sind Selbstzweifel und eine notorische Übellaunigkeit.

Angela Merkel ist die Kanzlerin von Zauderland. Sie hat schon zu DDR-Zeiten auf ihrem Schemel gesessen und gewartet. Ihre Torsteher hießen Honecker und Krenz. Hätten nicht die tapferen

Bürgerrechtler das Tor zur Freiheit aufgestoßen und sie mit hinübergetragen, säße sie da heute noch.

Jetzt sitzt sie im Berliner Kanzleramt und wartet dort, dass mit dem Land was passiert. Alles sieht nach Regieren aus, aber es ist Warten in seiner aufgeregten und angestrengten Form. Wir sehen allabendlich die An- und Abfahrten ihres Dienstwagens, wie sie irgendwo hin oder irgendwo weg eilt, aber in Wahrheit umkreist sie nur hochtourig ihren Bundeskanzlerinnenschemel.

Dabei hatte sie sich so viel vorgenommen. Doch kaum war sie am Tor der Macht angekommen, verließ sie der Mut. Vorher wollte sie den Sozialstaat reformieren, jetzt baut sie ihn aus. Das Steuersystem versprach sie einfacher und gerechter zu machen, aber daran kann sie sich wahrscheinlich gar nicht mehr erinnern. Mit den Menschen wollte sie wahrhaftig reden, jetzt nennt sie jene, die es tun, »Wahrhaftigkeitsfanatiker«. Mehr Bürgerbeteiligung war auch versprochen, aber das scheint jetzt alles viel zu riskant. Unter ihrer Schirmherrschaft (das Wort Führung steht hier nicht zur Verfügung) ist das Politische politisch nicht mehr durchsetzbar; alles scheint ihr alternativlos. Angela Merkel – ein Irrtum, hat Cora Stephan ihr neues Buch genannt.

Kafka trieb sein Zaudern so weit, dass er keinen seiner Romane veröffentlichte und noch auf dem

Totenbett darum bat, auch alle andere seiner Schriften einzustampfen. Erst nach seinem Ableben gelangten er und sein Werk zu Weltruhm. Ein kafkaeskes Leben wünscht man keiner Gesellschaft, am wenigsten der, der man selbst entsprungen ist.

27

Wir Übermenschen

Man kann Freiheit nicht besitzen wie ein Partei-
buch oder eine Staatsangehörigkeit. Die Freiheit
ist flüchtiger als flüchtig. Wer sie nicht nutzt, tritt
sie an den Zufall ab. Die Freiheit ist interaktiv.

Hat der Einzelne eine Idee, was er mit ihr anstellen wird, schmiegt sie sich an ihn. Lebt der Einzelne
im Gefängnis seiner Ängste und Selbstzweifel, wird
er die Möglichkeiten, die die Freiheit ihm bietet, nie
ergreifen können. Das »Lebensexperiment«, von
dem John Stuart Mill sprach, findet dann ohne ihn
statt.

Die nach dem Ende der Normalität knappste
Ressource ist Zuversicht. Nichts benötigen wir
dringlicher als das Vertrauen, dass im Leben hinter
dem Tor vieles anders, aber nicht alles schlechter
ist. Dass sich unter den vielen Unwägbarkeiten
auch mancherlei Kostbarkeiten verbergen. Dass
wir stark genug sind, in einer Welt der Unsicherheit

nicht nur zu überleben, sondern gut zu leben. Die Zuversicht auch, dass Unsicherheit nicht Untergang bedeutet, dass Freiheit ein anstrengendes, aber lohnendes Erlebnis sein wird.

Hier geht es nicht um Lebensberatung. Der Begriff der Zuversicht ist im Zeitalter jenseits der Normalität ein kulturell-politischer. Wo die vermeintlich höheren Mächte nur noch beraten, aber nicht mehr befehligen, muss der Einzelne selbst die Entscheidungen treffen, die sie einst für ihn trafen. Der Einzelne ist vom Objekt der Geschichte zu ihrem Subjekt aufgestiegen. Das ist die eine bedeutsame Veränderung. Die andere: Was der Einzelne vorfindet, ist eine Welt unvollständiger Information und undurchschaubarer Komplexität. Beides zusammen erzeugt Zuversichtsdruck.

Der Einzelne muss entscheiden, und er muss es auf der Grundlage vieler Unwägbarkeiten tun. Wer auf die Zuteilung von Chancen wartet, wird ewig warten. Nichts ist jetzt riskanter, als nichts zu riskieren. Das Leben nach dem Ende der Normalität verzeiht Fehler, aber Antriebsschwäche wird mit großer Gnadenlosigkeit geahndet. Als Höchststrafe droht ein Leben im bierumnebelten Milieu des deutschen Prekariats.

Je geringer die Gewissheiten, desto größer müssen die Zuversicht und das Sichzutrauen sein. Der zunehmenden Anfälligkeit der ökonomischen Sys-

teme für Schwankungen, Ausfälle und Havarien
aller Art – die Amerikaner fassen das mit dem schö-
nen Wort *freak event* zusammen – lässt sich durch
Wagemut und Eigenantrieb noch am ehesten ent-
gehen. Im Zeitalter permanenter Unsicherheits-
gefühle ist Zuversicht das entscheidende Gegengift.
Wir müssen vertrauen, notfalls auch blind. Zuversicht stabilisiert, was Unsicherheit zersetzt. Der
brutalste Gegner des modernen Menschen ist kein
Kaiser oder Kirchenoberhaupt, sondern das Gefühl
der eigenen Aussichtslosigkeit.

Die Machtverschiebung vom Kollektiv zum
Individuum hat eine weitere, verblüffende Folge:
Für den Einzelnen gelten nun andere Regeln als
für die ihn umgebende Gesellschaft. Wir haben
vorhin gesagt: Die heutige Gesellschaft ist charakterisiert durch die Anerkennung von Unterschie-
den, das Akzeptieren von Andersartigkeit, das
Tolerieren des Fremden. Erlaubt ist, was anderen
nicht schadet. Die liberale Gesellschaft ist eine
»Gesellschaft der Fülle«, wie Ernst Nolte sich aus-
drückt.

Die Gleichzeitigkeit der Wahrheiten und Lebensstile ist für die Gesellschaft möglich, für den Einzelnen aber nicht. In der Gesellschaft haben die
verschiedensten Theorien und Moden, auch Idio-
tien nebeneinander Platz, aber nicht in unserem
Kopf. Die Gesellschaft wird durch das gleichbe-

rechtigte Nebeneinander von Überzeugungen erweitert. Unser Kopf nicht. Er platzt.

Im Verhältnis des Einzelnen zu sich selbst, in seinen inneren Angelegenheiten, kann es nur eine Wahrheit geben. Aus der Fülle des Angebots muss jeder das für ihn Gültige kondensieren. Das Unbedingte wird nicht mehr vorgegeben, aber das bedeutet nicht, dass es aus unserem Leben verschwindet. Das Unbedingte muss nun vom Einzelnen selbst hervorgebracht werden. Wir können, wie Rüdiger Safranski sagt, global kommunizieren und reisen, aber wir können nicht im Globalen wohnen: »Wohnen können wir nur hier oder dort, aber nicht überall.«

Keiner kann Maler und zugleich Maschinenbauer sein, am selben Wahlsonntag die CDU-Frau und den SPD-Mann zum Kanzler wählen, sein Leben in Treue und Untreue verbringen, Vegetarier, Veganer und Steakliebhaber sein, Protestant, Katholik und Ungläubiger. Auch Studium und Berufswahl sind mehr oder minder irreversibel, die Folgen von Drogenkonsum oft auch.

In der Gesellschaft können die einen ein Leben im Rausch führen, die anderen das des Abstinenzlers; Häuslichkeit ist möglich, so wie auch das Herumziehen als moderner Business-Class-Nomade, jeder kann die Worte Heimat und Treue aus seinem Wortschatz streichen, aber er kann sie auch für sich neu definieren. Alle sind frei, den Erwerbstrieb ins Zentrum ihres Lebens zu stellen oder sich zu Tode zu amüsieren. Nur die Freiheit der Gleichzeitigkeit besitzt der Einzelne nicht. Er muss das tun, was andere bisher für ihn taten: entscheiden.

»Du musst dein Leben ändern«, hat Sloterdijk uns zugerufen. Wenn es nur das wäre! Der große Philosoph hat untertrieben. Das Leben hat sich bereits von allein verändert. Verrücktheiten aller Art treten an uns heran, viele der alten Gewissheiten und der tradierten Überlieferungen verlieren an Gültigkeit. In manchen Lebensbereichen findet eine regelrechte Löschung statt. Das alte Leben befindet sich noch in einem Zwischenspeicher, wir können uns daran erinnern, aber wir können es nicht mehr aktivieren.

Die Transformation setzt sich nun in unserem Innersten fort. Wollen wir nicht orientierungslos durch die neue Freiheit stolpern, müssen wir das Kraftwerk in uns aktivieren. Der Wille zur Führung und die Werte, die diesen Willen leiten, beides war früher an Vater, Mutter, Lehrer, Priester oder Firmenpatriarch outgesourct. Nun muss all das in uns hineinverlagert werden. Wir müssen Re-sourcing betreiben.

Das Verschwinden der bisherigen Autoritäten, in seinem Fall der Glaube an Gott, hat Friedrich Nietzsche früh schon umgetrieben. In seinem Text

»Der tolle Mensch« lässt er den Erzähler einen bösen Verdacht aussprechen, den nämlich, wir könnten überfordert sein:

»Wohin ist Gott?«, rief er, »ich will es euch sagen! Wir haben ihn getötet – ihr und ich! Wir Alle sind seine Mörder! Wer gab uns den Schwamm, um den ganzen Horizont wegzuwischen? Was taten wir, als wir diese Erde von ihrer Sonne losketteten? Wohin bewegt sie sich nun? Wohin bewegen wir uns? Gibt es noch ein Oben und ein Unten? Irren wir nicht wie durch ein unendliches Nichts? Haucht uns nicht der leere Raum an? Ist es nicht kälter geworden? Kommt nicht immerfort die Nacht und mehr Nacht? Gott ist tot! Gott bleibt tot! Und wir haben ihn getötet!«

Nietzsche bedauerte keineswegs die Tat, aber er bedachte ihre Folgen. Für ihn ergab sich aus ihrer Grobheit die Größe dessen, was nun zu leisten war. Der Einzelne müsse jetzt über sich hinauswachsen, zum »Übermenschen« aufschießen, zum »homme supérieur«, wie vor ihm der französische Philosoph Claude Adrien Helvétius formuliert hatte.

Beide meinten einen starken Charakter, der danach trachtet, die göttliche Autorität, die er mitgeholfen hatte zu zerstören, in sich selbst zu ersetzen. Der Übermensch sollte nicht andere, nur sich selbst beherrschen. Er war nicht der unterdrückende Herrenmensch, den die Nazis Jahrzehnte nach Nietzsches Tod aus dem »Übermenschen« machten, sondern ein Vorbildmensch, an dem andere sich orientieren konnten und der sich selbst helfen sollte, der Lehre von der Leere, dem Nihilismus, zu entkommen.

Der moderne Mensch hat nicht nur den einen Gott auf dem Gewissen, er ist im Begriff, auch die anderen Gottheiten zu erdolchen. Sein Verhältnis zum Staat, zu den Parteien und zur Institution der Familie ist heute ähnlich säkular wie das zur Kirche. Die Rolle des weisen Übervaters wird dem Staat nicht länger zugestanden. Seine Geld gebende Hand wird genommen, seine ordnende Hand zurückgewiesen.

Will der Einzelne in der Welt der Schwerelosigkeit bestehen und nicht von den Winden des Zeitgeistes davongetragen werden, muss er also ein Gravitationszentrum sui generis entwickeln. Das Projekt der Selbstbeherrschung ist kategorisch. Der Mensch muss nicht wissen, wer er ist. Aber er sollte eine Vorstellung davon besitzen, wer er sein will.

Aber woher stammt die Kraft des eigenen Kraftwerks? Wer feuert es an? Welcher Energiequellen kann er sich bedienen?

Hier nun berühren sich die Welten. Der Einzelne hat gesiegt, der Individualismus ist Gesellschaftsdoktrin, die Autoritäten von gestern wurden zu Bett gebracht. Derart befreit lassen sich die Werte

der Vergangenheit neu verhandeln. Es gibt keinen
Zwang, alles falsch und hohl zu finden, was die
Eltern hinterlassen haben. Und umgekehrt gibt es
keinen Grund, alles zu kaufen, was das Wort »progressiv« im Etikett führt. Niemand wird gezwungen, jener Spezies nachzueifern, die Enzensberger
in seinem Essay »Von der Unaufhaltsamkeit des
Kleinbürgertums« als »Fortschrittsmänner« ver-
spottete:

»Niemand ist begieriger als die Fortschrittsmänner, den neuesten Trend beim Schopf zu packen.
Immer sind sie auf dem Laufenden, lernfähig bis
zum Identitätsverlust. Stets auf der Flucht vor dem
Veralteten, hasten sie hinter sich selbst her.«

Das Fortschrittliche und das Konservative können nun auch offen paktieren. Es sei falsch anzunehmen, die Tradition leiste Widerstand gegen den
Wandel, hat schon der New-Labour-Vordenker
Anthony Giddens angemerkt. Eine gute Tradition
sei mehr als die »Trägheit der Gewohnheit«.

Womöglich ist es ein lohnendes Projekt, die
Werte der Vergangenheit noch einmal in die Hand
zu nehmen, um sie zu wägen. Die Führungsprin-
zipien deutscher Familienunternehmer beispiels-
weise werden durch die Vorgänge in der Finanzindustrie in ein neues, vorteilhaftes Licht gerückt.
Als Leitbild taugen sie deutlich besser als das Füh-
rungsverständnis des Managers, der seine Karriere-

optionen zu hedgen versucht wie ein Warentermin-
geschäft.

So leben in den erfolgreichen deutschen Dynastien, in den globalisierten Familienkonzernen der
Haniels, der Mieles, der Oetkers, der Stihls, der
Bahlsens und Mohns auch jene Traditionen fort,
die sich historisch bewährt haben. »Lieber Geld
verlieren als Vertrauen«, war die Maxime von
Robert Bosch. Wer diesen Ausspruch im Händlerraum einer Großbank anbringen würde, müsste
mit sofortiger Entlassung rechnen. Aber das muss
uns eher hellhörig machen. Die Tragik des modernen Finanzmarkts liegt gerade darin, dass er per-
manent beides verliert, Vertrauen und Geld.

Auch die zwei deutschen Großreligionen, die
Verfemten, könnten neu befragt werden. Vielleicht
haben sie gerade jetzt, wo ihre Kraft nicht mehr
reicht, die Gesellschaft zu dominieren, ihr Brauch-
bares zu bieten. Niemand muss ein Gefolgsmann
Luthers oder Messdiener des Papstes werden, um
die Stille der Kirchen und die Spiritualität ihrer
Gottesdienste als bereichernd zu erleben. Wir können die Erzählungen der Apostel weiterhin als Wer-
bebotschaft für ein ungewisses Jenseits interpretie-
ren und mit routinierter Empörung zurückweisen.
Mit gleichem Recht können wir diese Botschaften
aber auch als Gleichnisse lesen, die Nachdenklich-
keit anregen und Trost spenden. Dauertiefstpreise

gibt es an jeder Ecke, Hoffnung aber haben Schlecker und Mediamarkt bisher nicht im Sortiment. Schon Goethe schrieb 1774 an Betty Jacobi: »Wer an nichts glaubt, verzweifelt an sich selber.«

Gerade in der entgrenzten, beschleunigten, atomisierten Welt braucht das Individuum eine Ordnung. Ohne sie ist der Einzelne vereinzelt, wird die Freiheit zur Willkür, führt Konkurrenzkampf zu Rücksichtslosigkeit, lässt Eigennutz alle sozialen Regungen absterben. Noltes »Fülle der Gesellschaft« wirkt, wenn sie unsortiert stehen bleibt, als Orientierungslosigkeit in sie zurück.

Wenn keine Macht in uns wirkt, sind wir leer. Das Abschalten aller bisherigen Kraftquellen beschert dem Menschen zwar ein freieres, aber noch kein besseres Leben. Die Entladung des alten Magnetismus war daher nur die Vorbedingung dafür, dass der Einzelne sich selbst aktiviert.

An das Individuum stellt die neue Zeit damit hohe und höchste, womöglich sogar heroische Anforderungen. Selbstbefragung tritt an die Stelle von Selbstbefriedigung und Selbstbedienung. Selbstbeherrschung ist von allen Herrschaftsformen die schwierigste. Das Ende der Normalität bedeutet eben nicht das Ende der Geschichte, sondern den Beginn einer neuen Zeit. Es wird keine leichte Zeit sein. Aber es könnte unsere glücklichste werden.

Dank

Wie so oft hatte Rudolf Augstein Recht: »Schreiben ist nicht schön. Schön ist, geschrieben zu haben«, lautete eine seiner Erkenntnisse. Wenn dennoch die Arbeit an diesem Buch eine vergnügliche war, dann lag es an den vielen Gesprächspartnern, die mich ermuntert, bereichert, mit ihren Erwiderungen und Entgegnungen oft auch angetrieben haben. An erster Stelle möchte ich meinem Lektor Ulrich Wank danken, dessen Unterstützung sprachlich, gedanklich und menschlich von unschätzbarem Wert war. Meine Themen sind immer auch seine Themen, was ich ihm hoch anrechne. Mein Dank gilt auch dem neuen Verleger Marcel Hartges, der es an Unterstützung und Interesse zu keinem Zeitpunkt unserer noch jungen Zusammenarbeit hat fehlen lassen.

Die anregenden Diskussionen mit Wolfgang Nowak, der sich neben seiner Arbeit als Geschäftsführer der Alfred-Herrhausen-Gesellschaft die Zeit für dieses Buch nahm, möchte ich nicht missen. Seine Leidenschaft für den Diskurs ist eine nicht versiegende Quelle der Inspiration.

Kein Buch ohne die hilfreiche, weil gestrenge Wegweisung durch meine Spiegel-Freunde Jan Fleischhauer und Konstantin von Hammerstein. Sie haben mitgeholfen, dieses Buch besser zu machen. Kein solches Schreibprojekt auch ohne unseren gemeinsamen Ex-Spiegel-Kollegen Hans Halter, dessen journalistische Erfahrung wertvoll und dessen freundschaftlicher Rat unbezahlbar ist. Der Unruhestand hat seiner Einsatzfreude und seinem Ideenreichtum nichts anhaben können.

Zu danken habe ich dem Leiter des Handels-blatt-Research-Teams Jörg Lichter, der sich mit Akribie auf Zahlen und historische Daten stürzte, um zu verifizieren, zu dokumentieren und wo nötig richtigzustellen. Falls die geneigte Leserin und der Leser immer noch Fehler oder Ungenauigkeiten entdecken sollten, gehen diese auf mein Konto. Jörg Lichter hat geholfen, den Kontostand klein zu halten.

Danken möchte ich auch meiner Agentin Bettina Keil, die sich um alle schreibfremden Tätigkeiten kümmert, was dem Autor das befreite Schreiben erst ermöglicht. Beim Finden und Fassen des The-mas, gewissermaßen dem Geburtsvorgang jedes

Buches, sind ihre Erfahrung und ihr unermüdliches Engagement unverzichtbar.

Damit die Welt außerhalb der Schreibstube auch von dem zu Papier Gebrachten erfährt, gibt es Öffentlichkeitsarbeiter. Ich danke Eva Brenndörfer vom Piper Verlag und Birgit Politycki und ihrer Agentur für Fleiß und Ideenreichtum; unsere Zusammenarbeit ist nicht nur effektiv, sie ist menschlich bereichernd. Dafür bin ich sehr dankbar.

Wenn jemand in Zeiten schwindender Normalität für eine Restnormalität in meinem Leben sorgt, dann ist das meine Frau Andrea. Ohne ihre liebevolle Unterstützung, wobei Unterstützung durchaus auch in der Zurückweisung des Geschriebenen bestehen kann, gäbe es dieses Buch nicht.

Last, but not least danke und grüße ich unsere italienischen Freunde Marco, Matteo und Ugo Treccani, deren Familienhotel am Lago di Garda mir seit vielen Jahren als romantischer Rückzugs- und Schreibort dient. Wenn in die deutsche Düsternis zuweilen ein italienischer Sonnenstrahl fällt, dann ist es vor allem das Verdienst der Familie Treccani und ihres wunderbaren Landes.

PIPER

Gabor Steingart
Die Machtfrage

Ansichten eines Nichtwählers. 224 Seiten. Klappenbroschur

Bonn, Berlin, Washington: Gabor Steingart kennt Akteure
und Abläufe der Politik wie nur wenige Journalisten. Sein
Bestseller über die Wirtschaftsmisere (»Deutschland – Der
Abstieg eines Superstars«) ist eines der einflussreichsten
Bücher der letzten Jahre. Sein Globalisierungsthriller »Welt-
krieg um Wohlstand« wurde in rund 20 Staaten publiziert,
darunter in China und den USA. Henry Kissinger sprach von
einem »präzise und fesselnd geschriebenen Realitäts-
Check für Amerika«.
Pünktlich zum 60. Geburtstag der Republik widmet sich
Steingart in »Die Machtfrage« dem demokratischen System in
Deutschland. Mit kühler Präzision beschreibt er die Kanz-
lerkandidaten und den Niedergang der Volksparteien. Sein
alarmierender Befund: Die Demokratie ist erstarrt. Die
Parteien sind nicht mehr repräsentativ für das Volk, das sie
führen. Sie fremdeln mit der Lebenswirklichkeit, ihre Ge-
staltungskraft ist geschrumpft, ihr Machtwille allerdings un-
gebrochen. Deutschland habe sich in eine »Demokratie
von oben« verwandelt, in der zunehmend »Politik ohne Volk«
betrieben werde.

01/1793/01/R

PIPER

Gabor Steingart

Deutschland – Der Abstieg eines Superstars

304 Seiten. Piper Taschenbuch

Nachdem der Sozialismus auf deutschem Boden gescheitert
ist, ist nun auch das System der Sozialen Marktwirtschaft
am Ende: Das »Modell Deutschland« verschwindet im Nebel
der Geschichte – unwiderruflich. Auferstanden aus den
Ruinen der Hitler-Jahre, weltweit beneidet, oft kopiert, hat
es seit längerem schon aufgehört zu funktionieren. Das
einstige Erfolgssystem hat sich selbst übersteuert. Gabor
Steingart zieht eine pointierte und überraschende Schluß-
bilanz. Er analysiert Aufstieg und Absturz des Wohlfahrtsstaates, erzählt von Irrtümern, Mißverständnissen und den
Bequemlichkeiten der politischen Elite. Alles zwingt uns zum
Neustart. Vieles wird sich ändern in den kommenden
Jahren: unsere Art zu arbeiten, zu leben, Politik zu machen.
Die Summe der Neuerungen kommt einer zweiten Staats-
gründung gleich. Das neue Deutschland – in diesem
provozierenden Buch wird es sichtbar.

01/1405/03/R

PIPER

Stefan Aust, Claus Richter,
Gabor Steingart
Unter Mitarbeit von Matthias Ziemann
Der Fall Deutschland
Abstieg eines Superstars

288 Seiten mit 11 Abbildungen. Piper Taschenbuch

Selten hat ein politisches Buch eine solche Wirkung bewiesen
wie Gabor Steingarts Bestseller »Deutschland – Der Abstieg eines Superstars«. Diese Analyse ist jetzt Basis einer großen Dokumentation im ZDF, die die Frage stellt: Ist
Deutschland so schlecht? Oder hat sich die Lage geändert? In
20 Interviews sondieren die Autoren, wie Deutschland in
diese Schräglage gekommen ist, spüren Fehler auf und zeigen
Irrwege auf. Politisch handelnde Zeitzeugen wie Helmut
Schmidt und Otto Graf Lambsdorff nehmen Stellung, wirt-
schaftlich Verantwortliche wie Hilmar Kopper und Heinz
Dürr verbinden ihre Erfahrungen mit einer schonungslosen
Analyse der aktuellen Lage. Selten hat es eine derartige
Versammlung von politischem und wirtschaftlichem Sachver-
stand in einem Buch gegeben: so etwa Klaus von Dohna-
nyi, Edzard Reuter, Franz Steinkühler, Kurt Biedenkopf,
Meinhard Miegel, Bert Rürup, Richard von Weizsäcker,
Theo Waigel, Karl-Otto Pöhl und Wolfgang Schäuble.

01/1485/03/R

PIPER

Gabor Steingart
Weltkrieg um Wohlstand

Wie Macht und Reichtum neu verteilt werden.
400 Seiten mit 24 schwarz-weiß und farbigen Abbildungen.
Piper Taschenbuch

Für die reichen Länder des Westens beginnt die Globalisie-
rungsbilanz zu kippen: Asien trumpft auf, während
Europa und Amerika im Weltkrieg um Wohlstand zurückfal-
len. Die Methoden der Angreiferstaaten sind gleichermaßen brutal wie erfolgreich: Sie ertragen im Land bittere Armut, verursachen Umweltzerstörungen in nie gekanntem
Ausmaß, um ihre Kräfte in den Exportindustrien zu konzentrieren. Der Westen wird bei Löhnen und Sozialstandards
unterboten, sein in Jahrzehnten erworbenes Wissen oftmals
gezielt abgesaugt. Die Folgen spüren wir täglich: Wander-
ten zuerst die einfachen Industriearbeitsplätze aus, gilt die
neueste Angriffswelle dem Mittelstand und den High-Tech-
Jobs. Das Zeitalter westlicher Dominanz geht zu Ende. Der
Westen besitzt eine Vorahnung, aber keine ernstzuneh-
mende Analyse der Bedrohung, sagt Gabor Steingart. Sein
Buch liefert sie: schonungslos und realistisch.

01/1623/02/R